Edition Westfalenwege
ISBN: 978-3-9814673-0-7

Impressum
hk*media*
Dr. Helga Kretzschmar
Postfach 480204, 48079 Münster
Hülsebrockstr. 101, 48165 Münster
Tel. 0 25 01/2 75 00, Fax: 0 25 01/2 75 51,
mobil 01 71/2 01 81 31
e-mail KretzschmarVerlag@t-online.de
www.hk-media.de

Inhalt

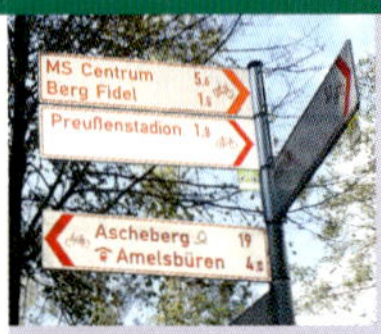

Die Radwegweiser geben das direkte Ziel an. Die kleineren Schilder mit den insgesamt 200 über das Münsterland verteilten Waben geben Teilziele an. Auf diese Weise kann sich jeder seine Route selbst zusammenstellen.

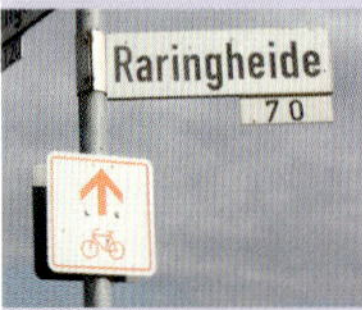

Diese kleinen Schilder zeigen, dass man noch auf dem richtigen Weg ist.

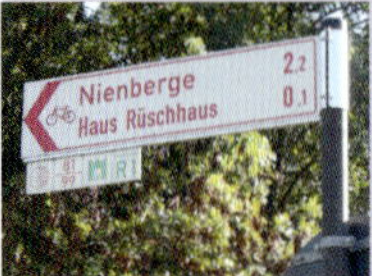

Zahlreiche Radwege sind den Themenrouten überschrieben. Diese sind sehr gut organisiert und können ohne große Vorbereitungen gefahren werden.

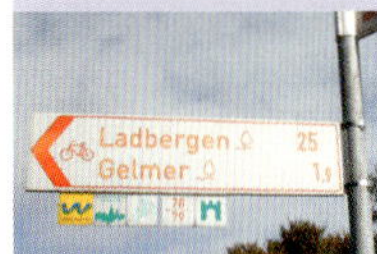

Zu den Themenrouten gehören u.a. die "100 Schlösser-Route" (grüner Turm), der WerseRadWeg (blauer Fluss auf gelbem Grund), der Europa-Radweg R1 (stilisierter Radfahrer mit Bogen aus EU-Sternen) oder die Friedensroute (Friedensreiter).

Münster und das Münsterland ist Radfahrerland. So sollte auch bei einer Stippvisite Münsters eine Tour mit dem Fahrrad oder E-Bike nicht fehlen. Die Wege sind einheitlich ausgeschildert und zeigen die Kilometer bis zum nächsten Ziel an. Kleine Schilder erinnern daran, dass man noch auf dem rechten Weg ist.

Auch für Münsteraner gibt es immer wieder unentdeckte Orte, die es zu besichtigen lohnt. Deshalb haben wir für Sie die 10 schönsten Radtouren rund um Münster zusammengestellt. Die Touren dauern bei einer durchschnittlichen Länge von 15 Kilometern zwei bis drei Stunden – je nach Aufenthaltsdauer.

Es empfiehlt sich, von der Radstation am Bahnhof aus zu fahren, wenn man sich Fahrräder leihen möchte oder per Bahn oder Bus anreist.

Natürlich ist ein Einstieg an jedem Ort möglich, nur sollte man darauf achten, dass man den Rundkurs hält.

Hundt KG
Berliner Platz 27a, 48143 Münster
Tel. 02 51-4 84 01 70

Canu-Camp
Sendenhorster Straße 18, 48324 Albersloh
Tel. 0 25 35-9 50 52, E-Mail: info@canucamp.de

Hof zur Linde
Handorfer Werseufer 1, 48157 Münster
Tel. 02 51-3 27 50, E-Mail: info@hof-zur-linde.de

Fahrräder Bernard Kneuertz
Jüdefelder Straße 55a, 48143 Münster
Tel. 02 51-4 29 86, E-Mail: Bikeshop@B.Kneuertz.de

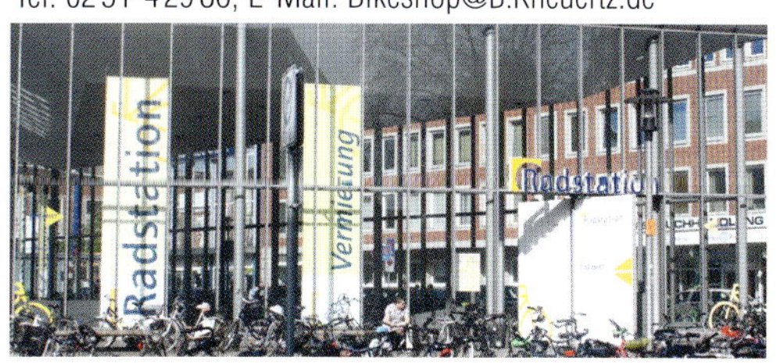

Fahrzeughaus Gust
Handorfer Straße 2, 48157 Münster
Tel. 02 51-32 47 66, E-Mail:info@gust.de

Keßler's Landhaus
Raringheide 226, 48163 MS-Amelsbüren
Tel. 0 25 01-2 78 10, E-Mail: kessler-landhaus@t-online.de

Landhaus Eggert
Zur Haskenau 81, 48157 Münster
Tel. 02 51-32 80 40, E-Mail: info@Landhaus-Eggert.de

Radstation Arkaden
Königsstraße 7, 48143 Münster
E-Mail: info@adfc-radstation-ma.de

Fahrrad Look
Dingbängerweg 249, 48161 Münster
Tel. 02 51-2 10 74 44, E-Mail: info@fahrrad-look.de

Zweirad Weigang
Grevener Straße 434, 48159 Münster
Tel. 02 51-21 23 45, E-Mail: info@2rad.de

www.radstation.de

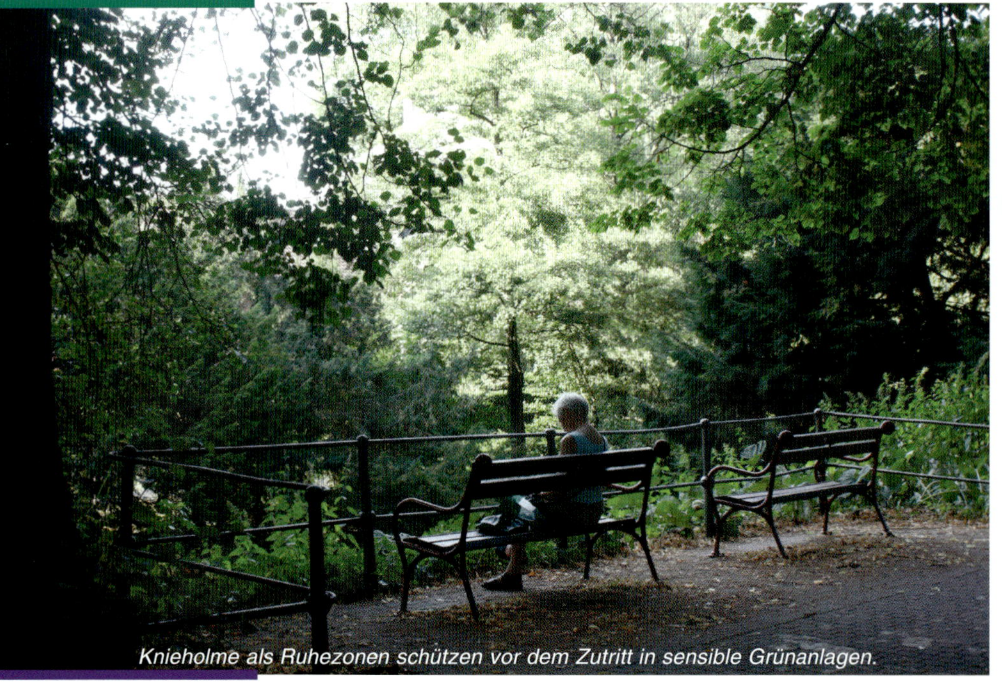

Knieholme als Ruhezonen schützen vor dem Zutritt in sensible Grünanlagen.

Radschnellweg Promenade

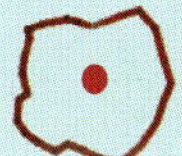

Welche Stadt hat schon so einen schönen Radschnellweg? Tagsüber ist er die Hauptverkehrsader für Münsters Leezenfahrer. Und dazu noch erholsam. Umgeben von einem Grüngürtel mit vielen idyllischen Plätzen birgt die 4,5 Kilometer lange Promenade selbst für Alteingesessene noch Überraschungen. Sie wird regelmäßig im Jahr von Musikern, Flohmärkten und Laufevents in grüner Umrahmung eingenommen. Zum Schutze der Stadt war die Promenade einst ein mittelalterliches Befestigungswerk mit Gräben, Mauern und Wällen. Einzig neun Tore ermöglichten den Zugang zur Stadt.

Die Reise beginnt am Hauptbahnhof. Über die Stadtgrenzen hinaus bekannt ist die riesige Fahrradstation, in der Fahrräder untergestellt, aber auch entliehen werden können. Von dort aus geht es über die Windhorststraße vorbei am 1993 eröffneten Lackkunstmuseum, einer Einrichtung der BASF Coatings, gleich links in die Promenade. Prächtig die Rückseiten der Bauten an der Engelenschanze, links geht der Blick in den Promenadengraben. Ein schmiedeeisernes Tor ist es wert, kurz inne zu halten.

Der erste Stopp führt über die Ludgeristraße, die in den Kreisel mündet. Von dem meist sehr regen Verkehr lassen wir uns nicht beirren und setzen unsere Fahrt gelassen fort. Es kann ziemlich wiggelig werden. Von allen Seiten schwirren Autos, Fahrradfahrer und Fußgänger ein. Dies verschafft uns die Zeit, auf das Traindenkmal zu schauen, das an die Kolonialkriege des Deutschen Kaiserreiches erinnert. Die Großstele hatte der Traditionsverein der ehemaligen Trainabteilung Nr. 7 zum Gedenken an ihre gefallenen Kameraden errichtet.

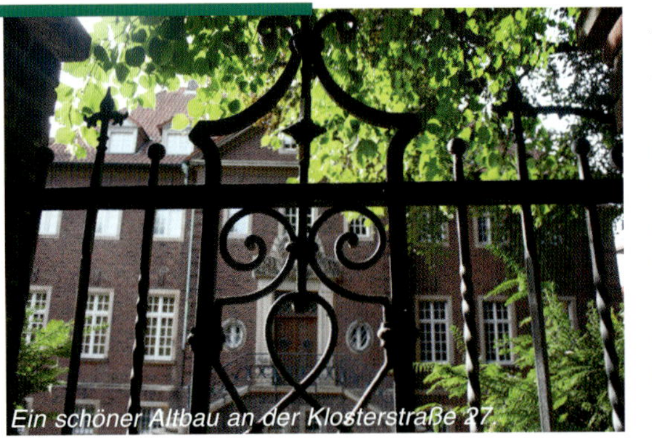
Ein schöner Altbau an der Klosterstraße 27.

Verkehrsreich bleibt es bis zur Ägidiistraße. Auf der anderen Seite liegt Kruse Baimken, ein beliebtes Ausflugs- und Studentenlokal an der Himmelreichallee gegenüber dem Aasee. Im Sommer sprudelt dort das Leben. Wer sich also einen freien Platz ergattern möchte, sollte fest in die Pedale treten! Entzieht man sich dem Charme einer kurzen Erfrischungspause, fängt nun der ruhigere Teil der Promenade an.
Hochgewachsene Linden schützen vor der Wärme und geben den Blick zu den Seiten nicht immer frei. Wenn man zur Zeit des "Turnier der Sieger" kommt, kann man vier ineinander gesteckte Pferdeköpfe entdecken, die an einigen Punkten in der City aufgestellt werden. So auch in diesem Promenadenabschnitt. Während sich auf der linken Seite die Landesbausparkasse LBS mit ihrem mächtigen weißen Bau und den getönten Fensterscheiben auftut, schaut man auf der rechten Seite auf die Westerholtsche Wiese. Sie diente lange Jahre als Dressurplatz beim "Turnier der Sieger". Die LBS steht auf dem Gelände des ehemaligen Zoologischen Gartens. Die Weitläufigkeit des Grüns und das Denkmal des Begründers Prof. Hermann Landois zeugen noch von der früheren Existenz. Vorbei an dem Stadtbad rechter Hand, das im Zuge der städtischen Renovierungsarbeiten nun wieder in vollem Glanz

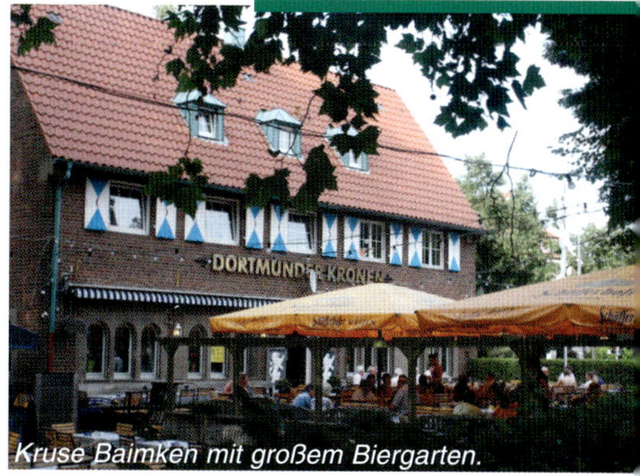
Kruse Baimken mit großem Biergarten.

erscheint, öffnet sich der große Hindenburgplatz. Ein Stopp zum spätbarocken Schloss, das von Conrad Schlaun erbaut wurde, lohnt sich in jedem Falle – auch wenn die Universität Münster hier seine Verwaltung unterhält. Geht man am linken Flügel durch das große Tor, gelingt die Sicht auf die zum Botanischen Garten zugewandte Seite des Schlosses. Ein Gang durch den Park mit seinen uralten Bäumen ist eine schöne Abwechsung. Auf dem Gelände des ehemaligen fürstbischöflichen Residenzgartens unterhält die Universität auch den Botanischen Garten, der nach den Plänen des Lehrstuhlinhabers Prof. Franz Wernekinck im Jahre 1803 gebaut wurde. Von Gewürzen über Zierpflanzen, Alpinarium und tropischen Pflanzen, die in den Gewächshäusern untergebracht sind, erfährt der Besucher eine wissenswerte Vielfalt.

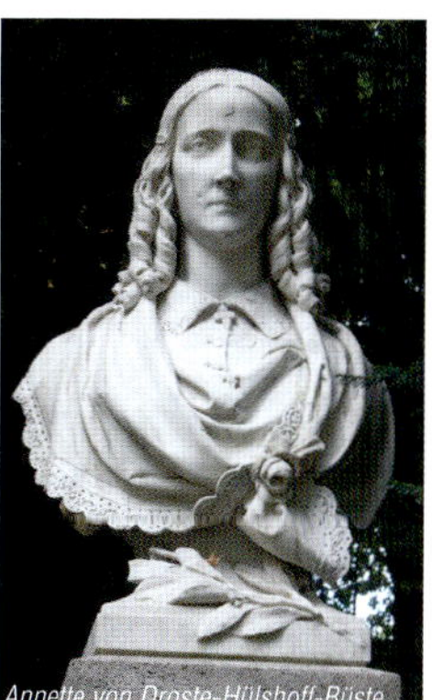
Annette von Droste-Hülshoff-Büste.

Eine kurze Pause gönnen wir uns sich auf einer der Parkbänke oder im traditionsreichen Schlosscafé, Treffpunkt von Schülern und Studenten sowie Ausflüglern.

Der große Saal mit den rot tapezierten Wänden wirkt fast königlich. Weiter geht es wieder zurück durch den Schlosspark auf die Promenade. Hier hat der Kyrill im Jahr 2007 richtig gewütet. Dank schneller Bepflanzung sieht man jetzt die jungen Bäume, die erst in langer Zukunft ihren Schatten spenden werden. An der Ampel überqueren wir den Hindenburgplatz, lassen das Luftfahrtkommando hinter uns, schauen nach links zum Neutor, einem der klassizistischen Torhäuser, die einst die Innenstadt begrenzt hatten. Am Eingang des nächsten Promenadenabschnitts fällt der Blick auf eine kleine Lokomotive, um an der Kreuzschanze südlich des Buddenturms zwischen hoch gewachsenen Bäumen auf das alte Kreuzviertel zu schauen. Herrschaftliche Häuser sind Zeuge eines beliebten Viertels. Auf der rechten Hand hat man einen kurzen Einblick auf Münsters beliebten Biergarten “Der Pulverturm”, der vom Breul aus zugänglich ist. Bänke laden zum Verweilen ein. Ein alter Wassergraben bettet sich ein in eine schöne Erholungslandschaft, die man in einer Innenstadt kaum vermutet. Die steinerne Büste von Annette von Droste Hülshoff blickt stolz auf dieses Areal.

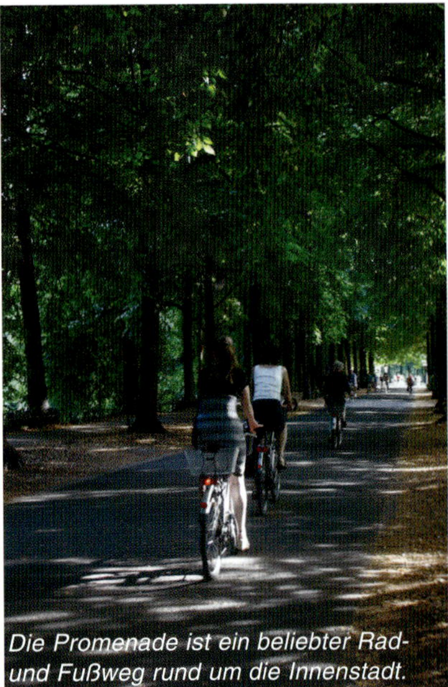

Die Promenade ist ein beliebter Rad- und Fußweg rund um die Innenstadt.

Wenig später treffen wir auf den alten Zwinger, ein Zeuge düsterer Zeiten. Dieser mächtige Turm wurde als Geschützturm im 16. Jahrhundert errichtet, um einst den zahlreichen kriegerischen Auseinandersetzungen ein Bollwerk zu sein. Später wurde er verschiedenen Nutzungen zugeführt. 1944 wurde er teilzerstört, seit 1998 ist er öffentlich zugänglich. Die Hörsterstraße möchte nun überquert werden. Auf der rechten Hand liegt das ehemalige barocke von Conrad Schlaun erbaute Lotharinger Kloster, das heute als Standesamt Heiratswilligen den amtlichen Siegel gibt. Ihm liegt schräg gegenüber an der Kreuzung Fürstenbergstraße-Bohlweg das Landesarchiv, Abteilung Westfalen, das in jüngerer Zeit einen Anbau erhalten hat. Das im Jahre 1889 erbaute Neorenaissance Gebäude diente damals als königlich preußisches, bis 2008 als Staatsarchiv. Nördlich vom Mauritztor erinnert ein mächtiges Denkmal an die Einigungskriege Mitte bis Ende des 19. Jahrhunderts. Wir fahren bis zum Servatiiplatz, dem ehemaligen Servatii-Stadttor. Auf der Grünanlage steht das 1960 errichtete Mahnmal des bis 1989 geteilten Deutschland "Unteilbares Deutschland".

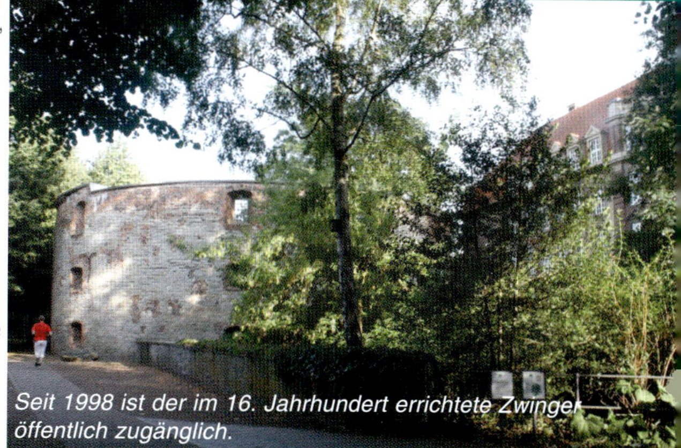
Seit 1998 ist der im 16. Jahrhundert errichtete Zwinger öffentlich zugänglich.

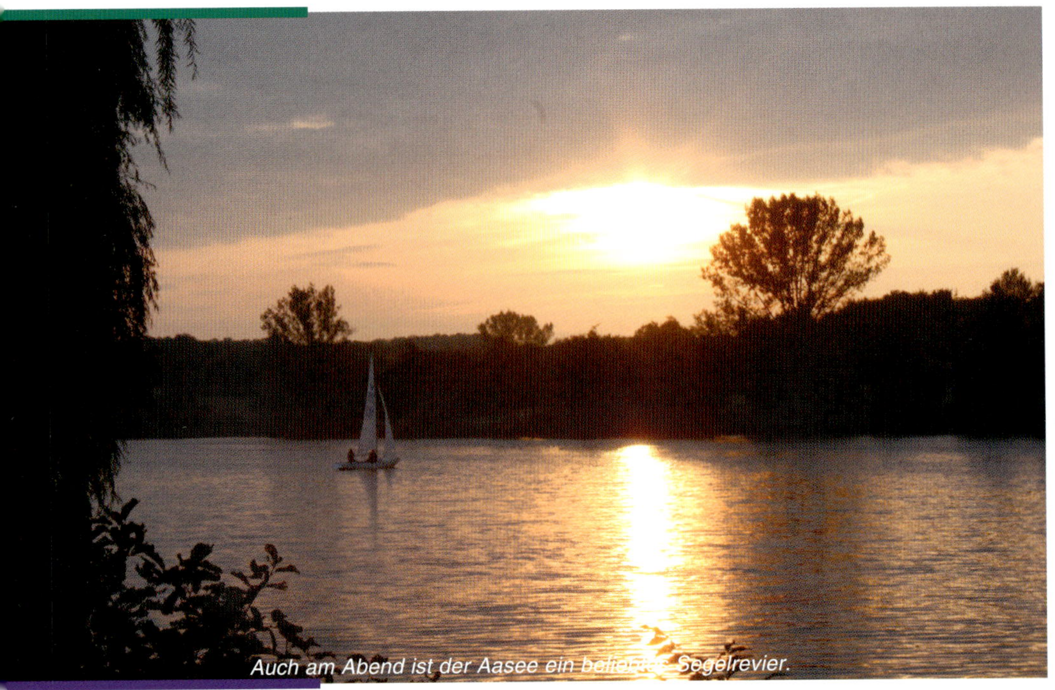

Auch am Abend ist der Aasee ein beliebtes Segelrevier.

Museumseldorado Aaseepark

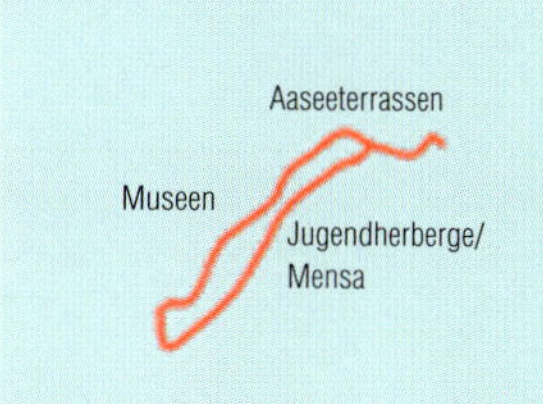

Im Jahre 2008 wurde der heute 90 Hektar große Aaseepark zum schönsten Deutschlands erklärt. Erst 1934 wurde die Aa zu einem See aufgestaut und dient als stadtnahes Erholungsgebiet. Der Zoo, zahlreiche Museen und Freizeiteinrichtungen machen den Aaseepark zu einem beliebten Ausflugsziel.

Es empfiehlt sich, den ganzen Aasee zu umrunden und nicht zuvor die Torminbrücke zu nehmen. Wir starten vom Hauptbahnhof über die Windhorststraße und biegen, das Lackmuseum rechts hinter uns lassend, links in die Promenade ein und fahren bis zum Hindenburgplatz, um dann, den Aasee schon fest im Visier, auf die linke, d.h. südöstliche Uferseite zu fahren. Vorbei an dem Hansa-Segelclub lassen wir uns durch die Modersohn-Tafeln lenken. Die Maler Otto und Christian Modersohn hatten einen Teil ihres künstlerischen Schaffens dem südlichen Aatal gewidmet. Während großformatige Gemälde in den Jahren 1887 bis 1889 zu den Frühwerken des Vaters zählten, hielt Sohn Christian über hundert Jahre später diese Landschaft in Aquarellen fest. Christian hat nicht nur sein eigenes malerisches Werk geschaffen, sondern sah seine Aufgabe auch darin, den künstlerischen Nachlass seines Vaters zu bündeln und bekannt zu machen.

Über die kleine Holzbrücke am Ende des Aasees kommend lohnt sich ein kleiner Abstecher zu Haus Kump. Der alte Fachwerkspeicher ist Zeuge einer frühen Besiedelung Münsters aus dem 16. Jahrhundert. Früher diente er auf der seit dem Jahre 889 bestehenden großen Hofanlage als Getreidespeicher. Gleichzeitig war der Bauernhof

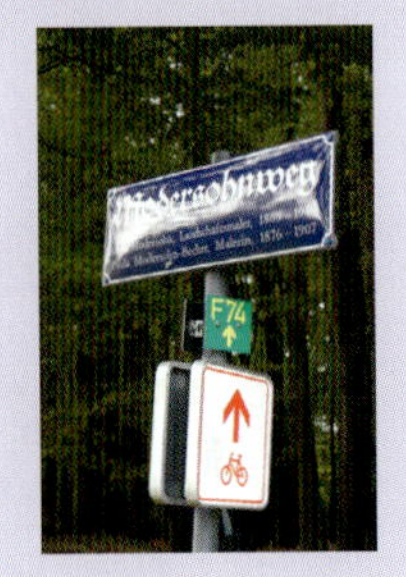

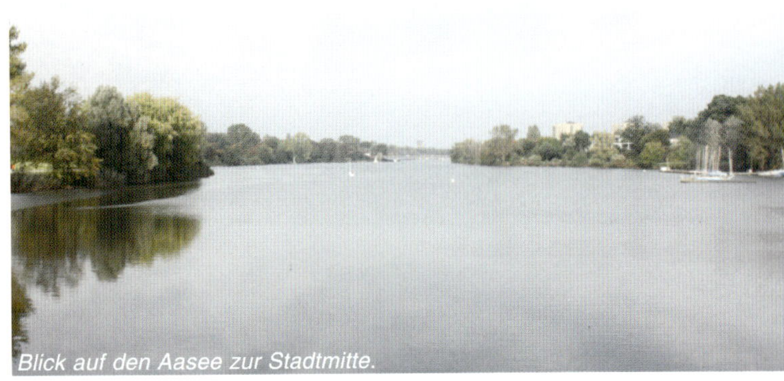
Blick auf den Aasee zur Stadtmitte.

auch Schultenhof, den der Schulte Kumpmann gegenüber dem Domkapitel repräsentieren musste. Der Speicher wurde in den Siebziger Jahren aufwendig restauriert und wird nun vom Handwerkskammer-Bildungszentrum (HBZ) zum Tagungs- und Bildungszentrum umgebaut.
Der westliche Teil des Aasees ist geradezu ein Museums-Eldorado. Allein dafür sollten wir einige Stunden, wenn nicht einen halben oder ganzen Tag einplanen. Allein der Allwetterzoo ist sehenswert, da er großzügig

angelegt wurde. Aus der einstigen Betonwüste ist ein naturnahes und artgemäßes Refugium für die Zootiere geworden. Auch der Besuch des Westfälischen Pferdemuseums Hippomaxx lohnt einen Besuch. Es ist auf dem Zoogelände zu finden.

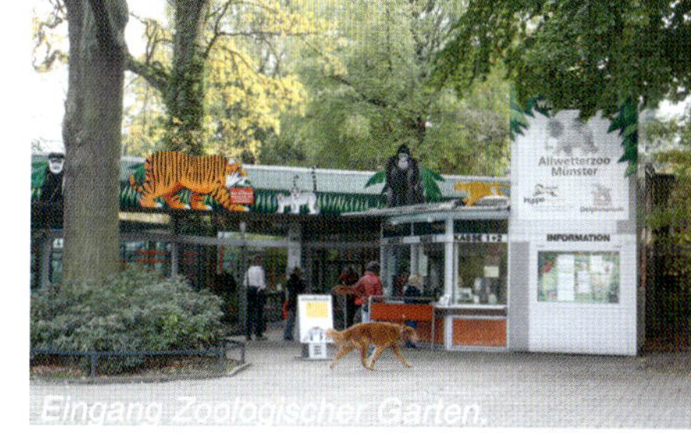

Eingang Zoologischer Garten.

In unmittelbarer Nachbarschaft liegt das Naturkundemuseum, vor dessen Portal einst riesige Dinosaurier prangten. Neben der Dauerausstellung ziehen themenbezogene Wechselausstellungen Besucher aus Nah und Fern an.

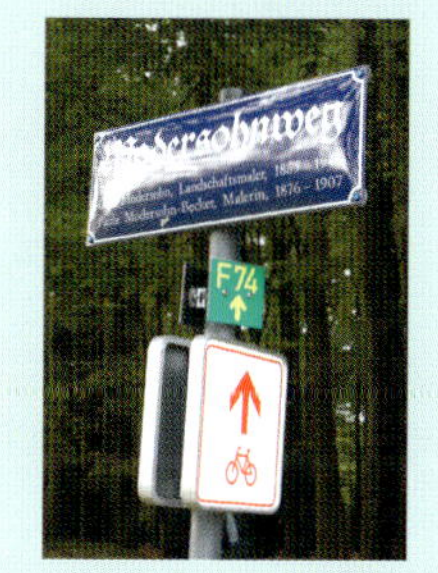

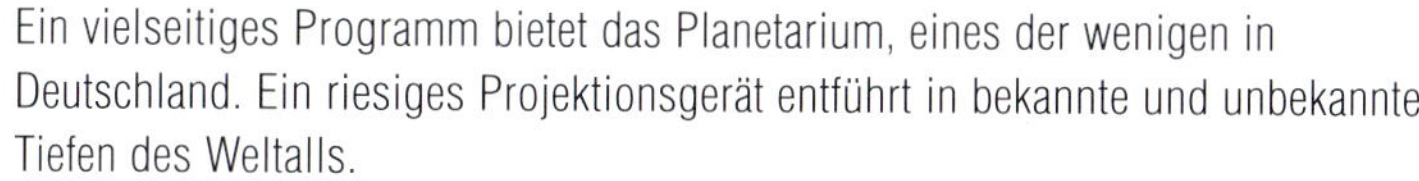

Ein vielseitiges Programm bietet das Planetarium, eines der wenigen in Deutschland. Ein riesiges Projektionsgerät entführt in bekannte und unbekannte Tiefen des Weltalls.

Auch der Mühlenhof darf auf der Tour nicht fehlen. Ländliche Kultur aus dem Münsterland bildet den Schwerpunkt des Freilichtmuseums. Altes Dorfleben spiegeln Schule, Hofkapelle, Zichorienmühle, Schreinerei, Dorfladen und Dorfkrug wieder. Im Bauerngarten werden Gemüsesorten gezogen, die in Vergessenheit geraten sind. Ein Gräftenhof dient Veranstaltungszwecken, und Museumspädagogik wird groß geschrieben. Ein Veranstaltungskalender zeigt, dass Leben

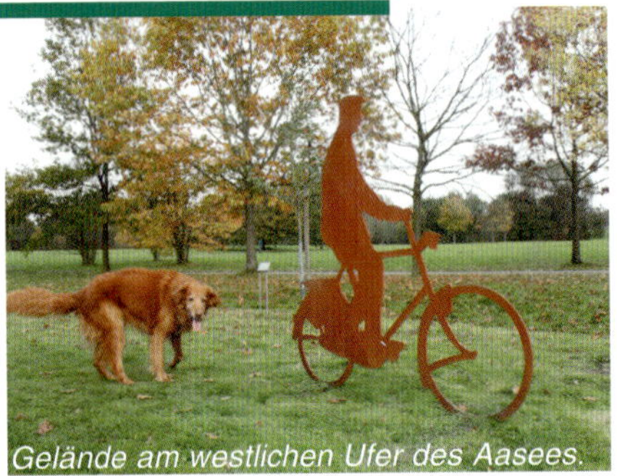

Gelände am westlichen Ufer des Aasees.

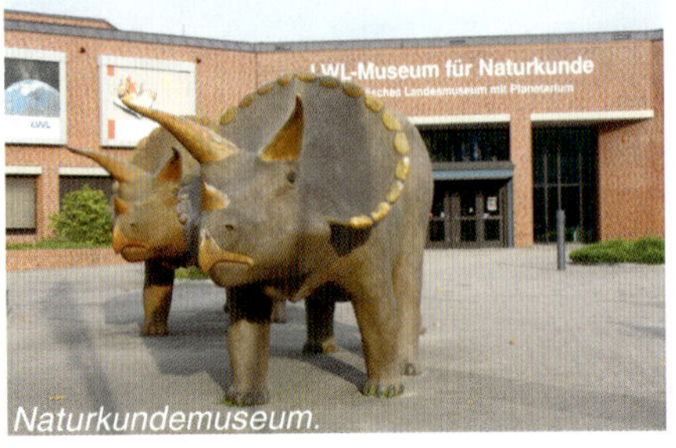

Naturkundemuseum.

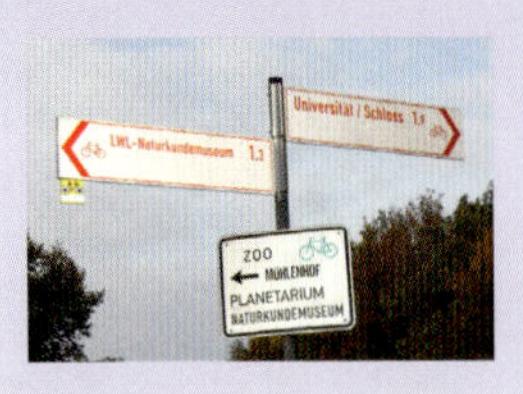

auf der westfälischen Dorfanlage herrscht. Der Deutsche Mühlentag am Pfingstmontag ist "Pflicht". Als "Verbinder" zwischen Mühlenhof und Naturkundemuseum dient der "Weg der Jahresbäume". Seit 1989 wird jedes Jahr der "Baum des Jahres" gepflanzt, so dass der Weg schon recht stattlich angewachsen ist.

Der Sportpark Sentruper Höhe bietet vielfältige Sportmöglichkeiten, vom Boule- bis zum Speckbrettspiel, vom Beachvolleyball bis zur Leichtathletik bietet er die ganze Palette.

Mitte August findet jeweils die "Nacht am Aasee" statt, zu der das LWL-Museum für Naturkunde mit Planetarium, der Allwetterzoo, das Westfälische Pferdemuseum und das Mühlenhof-Freilichtmuseum bis zum späten Abend einladen. Die Veranstaltungen mit dem Ballonwettbewerb Montgolfiade, Aaseeterrassenfest, Volksbank-Münster-Marathon sind fest

im Kalender eingeschrieben. Auch Skulpturen als Ergebnis der alle zehn Jahre stattfindenden "Skulptur Projekte Münster" tragen zur Attraktivität des Aaseeparks bei.
Richtung Zentrum fahren wir westseitig des Mühlenhofes entlang bis zur Torminbrücke, überqueren die Straße nach links und biegen rechts in die Himmelreichallee ein. Hier bietet das Mövenpickhotel tolle Einkehrmöglichkeiten.
Entlang der Himmelreichallee werfen wir ab und an einen Blick auf den Aasee, den die schmalen Wege zwischen den Villen zulassen. An den Aaseeterrassen angekommen geben Gastronomie und Segelclub Anlass zum Verweilen. Hier finden sommerliche Events statt. Seit dem Ausbau der Terrassen laden Musik und Kultur zu Freiluftveranstaltungen ein seit dem Ausbau der Terassen. Um wieder zum Bahnhof zu kommen, wählen wir den Weg über die Promenade.

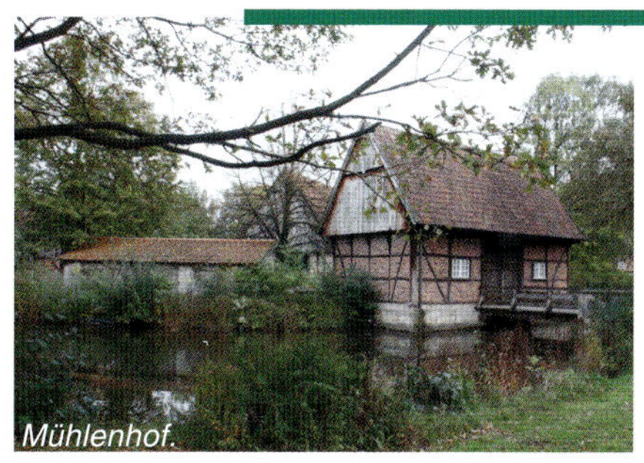
Mühlenhof.

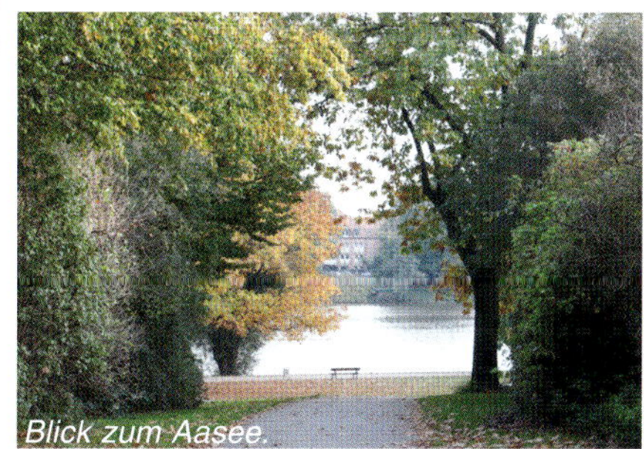
Blick zum Aasee.

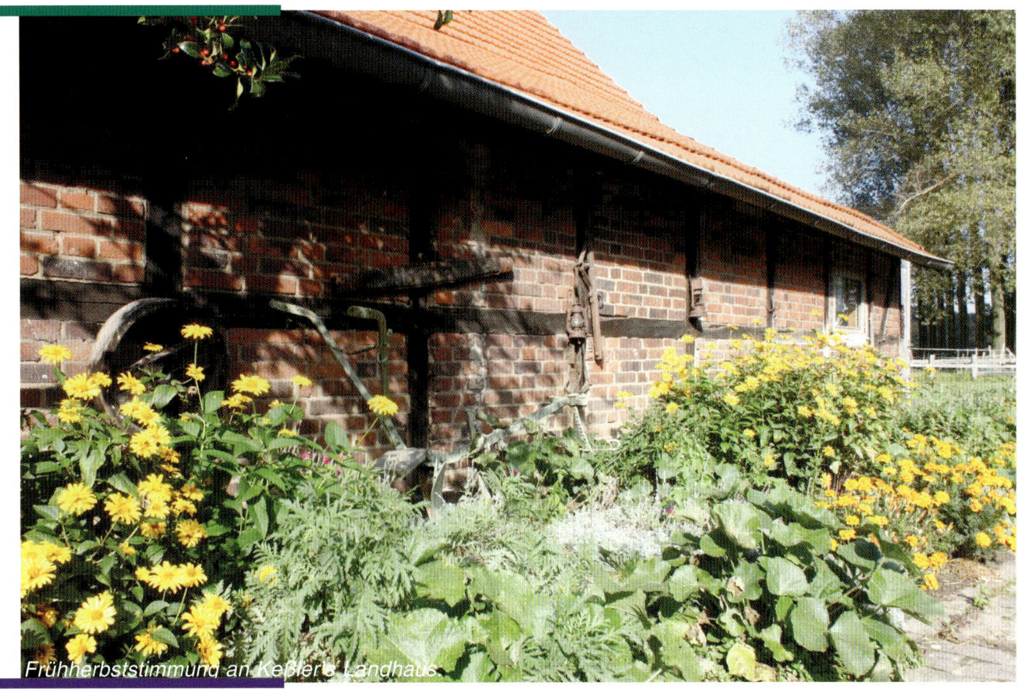

Frühherbststimmung an Keßler's Landhaus.

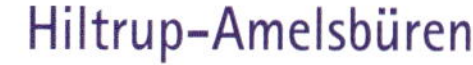

Tor zur Davert

Die Rundtour nach Amelsbüren starten wir vomHauptbahnhof aus, fahren die Windhorststraße entlang, um dann nach links in die Promenade einzubiegen. Bis zum Aasee und wenden nach links, indem wir Münsters Segelrevier auf der rechten Hand liegen lassen. Wir fahren am linken, östlichen Ufer entlang und haben ab und an eine wunderbare Aussicht auf das Wasser. Der Yachtclub Hansa mit eigenem Restaurant lädt zu einer Rast ein. Auf der linken Seite sind einige Institute der Universität, die Mensa und Gastronomiebetriebe angesiedelt. Auch die frühere Pädagogische Hochschule mit einem Hörsaal für Theater und Musik liegt dort. Wir fahren die Mecklenbecker Straße bis zum Dingbänger Weg, biegen links ein und fahren wieder links. Nur ein kurzes Stück, denn die Weseler Straße ist sehr belebt. Aber dann erreichen wir einen ruhigeren Abschnitt. Vorbei an einem kleinen Industriegebiet über die Eisenbahnlinie nach links entlang der Bahn. Der Weg führt uns über den Kappenberger Damm nach rechts, um kurze Zeit später nach links in die Grafschaft einzubiegen. Der Radweg ist idyllisch und grenzt nicht

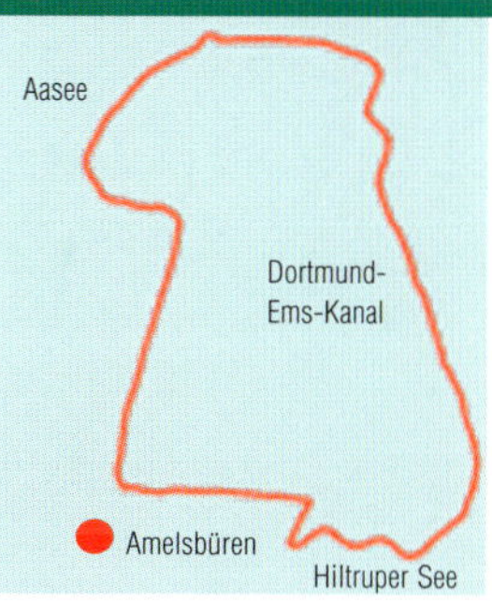

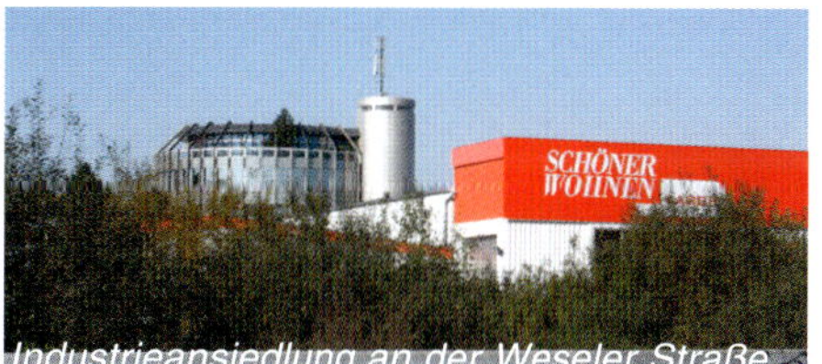

Industrieansiedlung an der Weseler Straße.

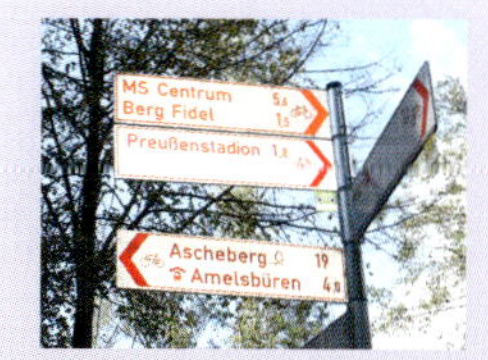

direkt an die Straße. Im Wäldchen biegen wir nach rechts in die Thierstraße ein, um nach Amelsbüren zu fahren. Auf der rechten Seite liegt der Reitstall von Dennis Lynch, dem bekannten irischen Reiter, der weltweit unter den Top Ten rangiert. Dann wird der Blick frei auf den Ortseingang Amelsbüren. Die Kanalbrücke überquerend fahren wir auf die Kirche St. Sebastian zu, die in romanischer und gotischer Bauweise errichtet wurde. Sehenswert ist auch das alte Pfarrhaus, das ihr gegenüber liegt. Der Weg entlang des Kanals Richtung Hiltrup vorbei an der Sportstätte der DJK Amelsbüren führt uns bis zum "Am Häpper". Wir biegen nach rechts, und an einem Einfamilienhaus mit grauem Backstein führt uns das Schild "Keßler's Landhaus" vorbei an dem Schulzenhof Raring zu dem Ausflugslokal mit Reitmöglichkeiten für die Ponykinder. Familien nehmen oft diese Gelegenheit wahr, um ihre Kleinen auf den Shetlandponys entlang der von Grün umsäumten Wege zu führen.

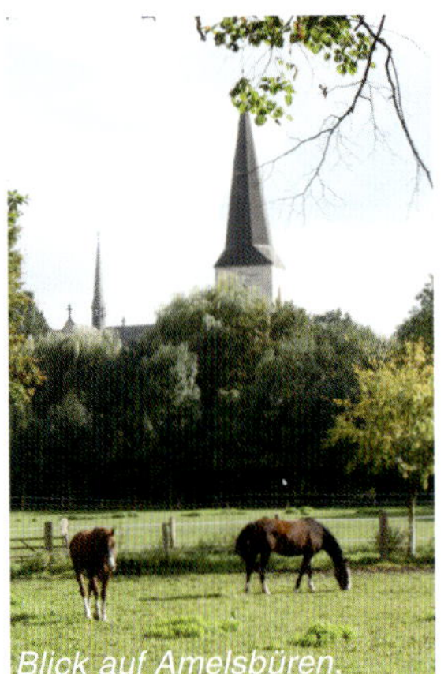
Blick auf Amelsbüren.

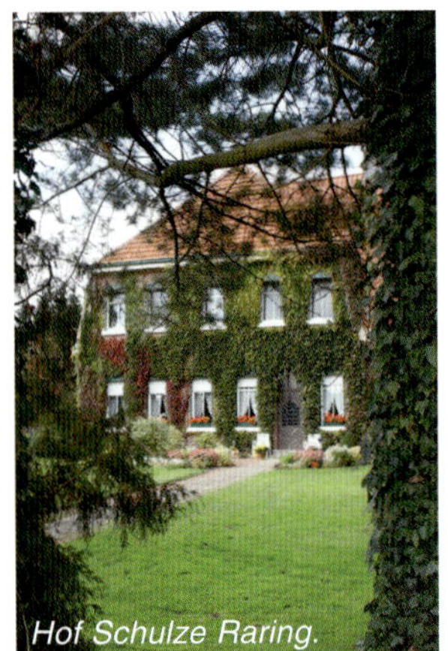
Hof Schulze Raring.

Gestärkt geht es auf die Landstraße Nottebrock, die Hiltrup und Amelsbüren verbindet. Wir fahren links ein kurzes Stück, um rechts in ein kleines Wäldchen einzubiegen. Vor uns liegt Gut Heithorn, zu dem ein neu errichtetes Seniorenheim gehört. Der ältere Komplex wird für soziale Zwecke genutzt. Dort ist auch der Naturschutzbund Nabu untergebracht. Die kleine Kapelle wird heute noch genutzt. Das Torhaus dient als Atelier.

In Richtung Hiltrup fahren wir auf dem Radweg der Hammer Straße und biegen einen Kilometer weiter zum Hiltruper See rechts ein. Der Kanal hat uns wieder. Das Gebiet um den Hiltruper See bietet viele Freizeitmöglichkeiten. Ein Segel- und Tennisverein und das Best Western Hotel Krautkrämer laden ein. Das Waldgebiet Hohe Ward dient Läufern und Spaziergängern sowie Reitern eine gute Erholung in freier Natur. Entlang des Hiltuper Sees gibt es einen Naturlehrpfad des Nabu.

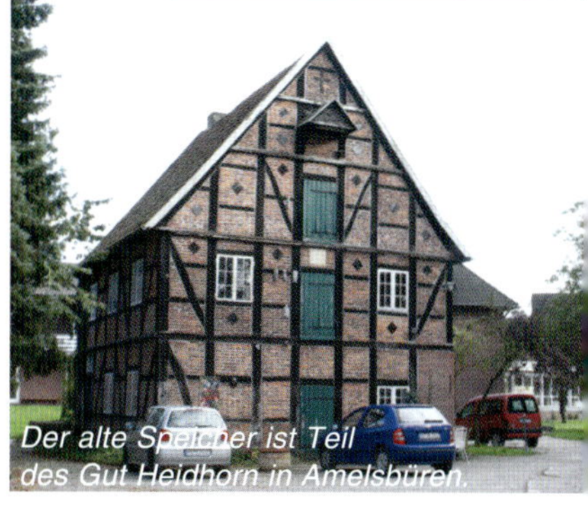
Der alte Speicher ist Teil des Gut Heidhorn in Amelsbüren.

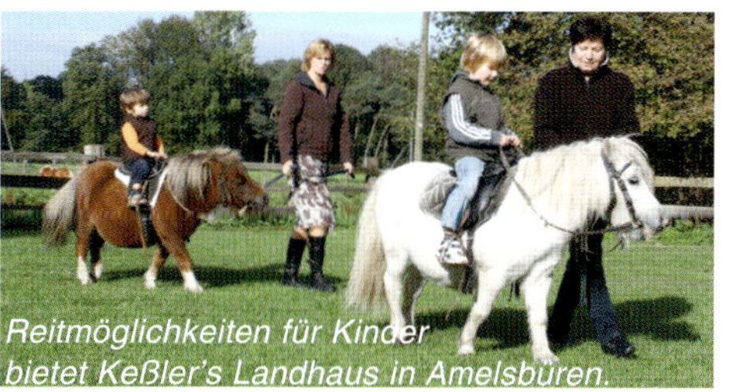
Reitmöglichkeiten für Kinder bietet Keßler's Landhaus in Amelsbüren.

Zurück zum Kanal Richtung Hiltrup laden die Restaurants “d'Aldo” und “Zur Prinzenbrücke” mit großzügigen Biergärten ein inklusive Panoramablick.

Zurück nach Münster fahren wir den Kanal entlang bis zum Hafen und die Verlängerung zur Schillerstraße bis zum Bahnhof.

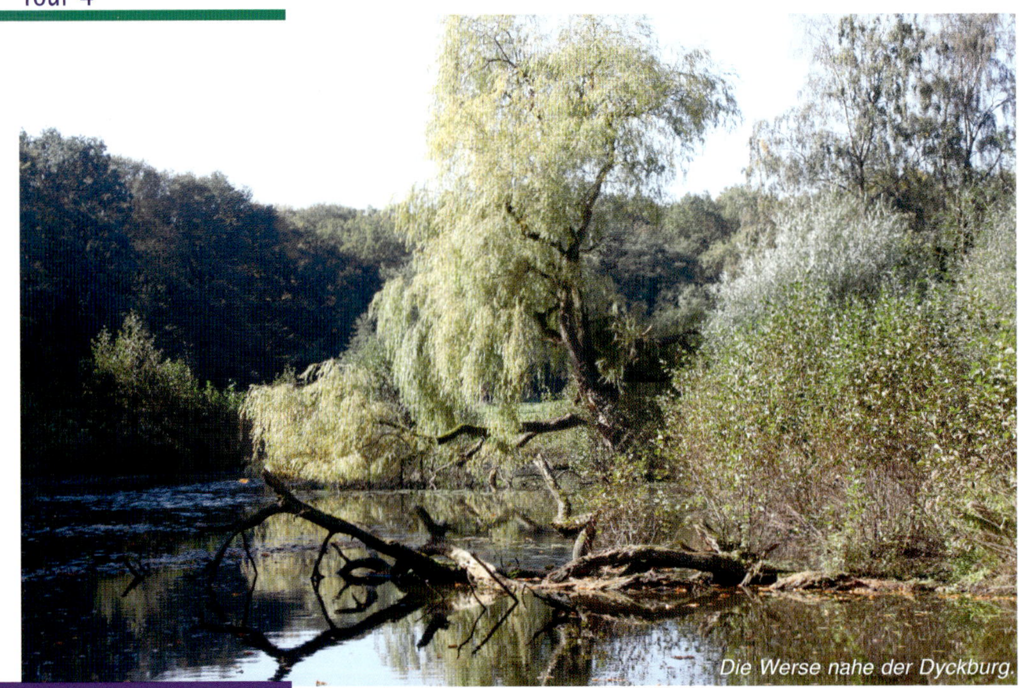

Die Werse nahe der Dyckburg.

Von Mühlen und Schleusen

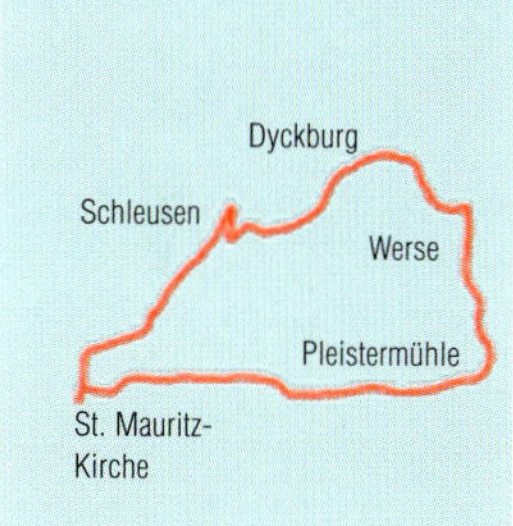

Ein kleiner Ausflug, der uns zur Pleistermühle führt. Zuvor ist der Weg das Ziel. Vom Bahnhof geht es den Europaradweg R1 bis zur Kreuzung Hohenzollernring-Warendorfer Straße und biegen nach rechts, um den Weg links zur Mauritzkirche einzuschlagen. Die Stifts- und Pfarrkirche St. Mauritz ist in Teilen der älteste Sakralbau in Münster. Sie wurde vermutlich um das Jahr 1064 zur Zeit Friedrich I. errichtet. Das Pfarrhaus ist von einem schönen Garten umgeben. Idyllisch sind die zu fahrenden Straßen Sankt-Mauritz-Freiheit und Mauritz-Lindenweg. Vorbei an dem Friedhof führt der Weg zum Prozessionsweg. Dieser ist bis auf den heutigen Tag Kreuz- und Wallfahrtsweg. Schon zu Urzeiten diente er als Handelsweg, die Landbewohner führte er zur St. Mauritz-Kirche, die Wallfahrer gingen bis zum Gnadenbild der Mutter Gottes nach Telgte. Im Jahre 1609 wurde hier erstmals eine größere Wallfahrt nach Telgte dokumentiert.

Eine Fußgänger- und Fahrradbrücke führt über die viel befahrene Umgehungsstraße in den Pleistermühlenweg. Gegen Ende der mit Villen bebauten Straße liegen der TC Mauritz mit seinen Tennisplätzen auf der linken sowie die Reitanlage des RV Mauritz auf der rechten Seite. Wir fahren direkt auf die Pleistermühle zu. Ein beliebtes Ausflugsziel mit einem Minigolfplatz und einer Kanustation. Aber Vorsicht, die Kanuten müssen vor dem Wehr einen Stopp machen, denn die Werse ist dort sehr gefährlich, wenn man sich der Mühle zu Wasser nähert. Von der Pleistermühle fahren wir nach links Richtung Handorf entlang der Werse zur Dyckburg. Allerdings entfernt sich der Radweg ab und zu von dem kleinen Gewässer. Wir unterqueren die Warendorfer Straße an dem Restaurant Nobiskrug, fahren bis an den südlichen Rand von Handorf an dem Wildpark vorbei und entscheiden uns für die westliche Seite des Radweges, um einen Abstecher zu Haus Dyckburg zu machen. Die ehemalige Wasserburg liegt am Rande des Boniburger Waldes und ist ein beliebtes stilles Ausflugsziel. Im Jahr 1400 erstmals erwähnt war sie bis Anfang des 20. Jahrhunderts im Besitz mehrerer Adliger.

Heute ist die Burg im städtischen Besitz, die Dyckburg-Kirche wurde zur Pfarrkirche. Ein Kreuzgang zeigt das Leiden Christi. Auch der Jakobsweg führt an dieser Stätte

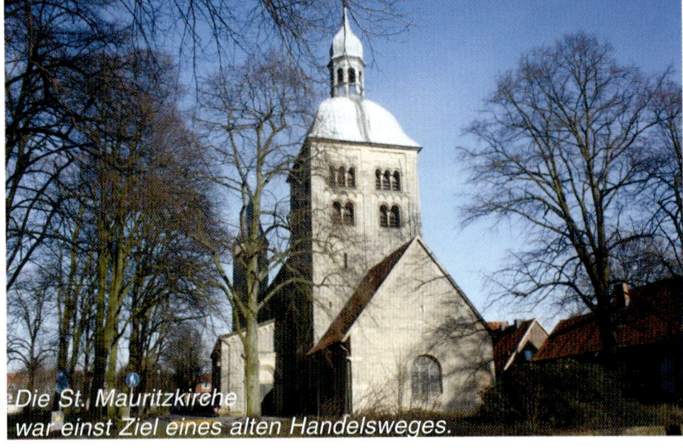
Die St. Mauritzkirche war einst Ziel eines alten Handelsweges.

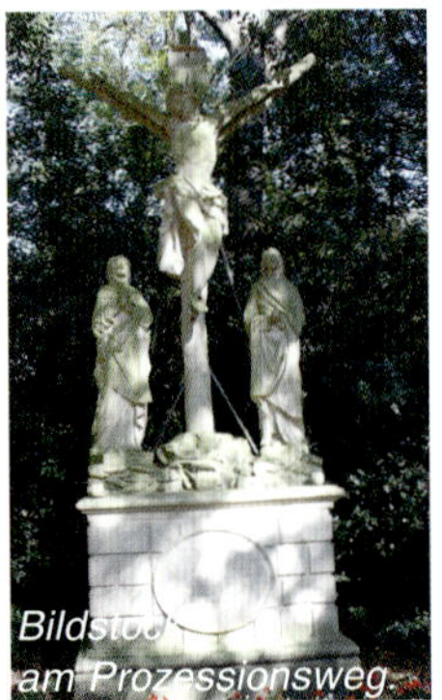
Bildstock am Prozessionsweg.

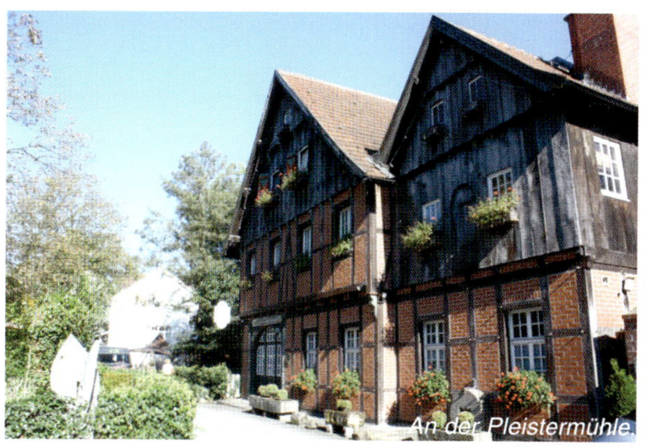
An der Pleistermühle.

vorbei. Von Haus Dyckburg passieren wir die im Jahre 1875 von Bonifaz Graf von Hatzfeld erworbene Boniburg, die nach dem Zweiten Weltkrieg einer Brandstiftung zum Opfer fiel und deren Ruinen 1979 beseitigt wurden. Erhalten geblieben ist ein schöner Park und ein Tor, das in den Boniburger Wald führt. Wir fahren links Richtung Münster entlang der Dyckburgstraße,

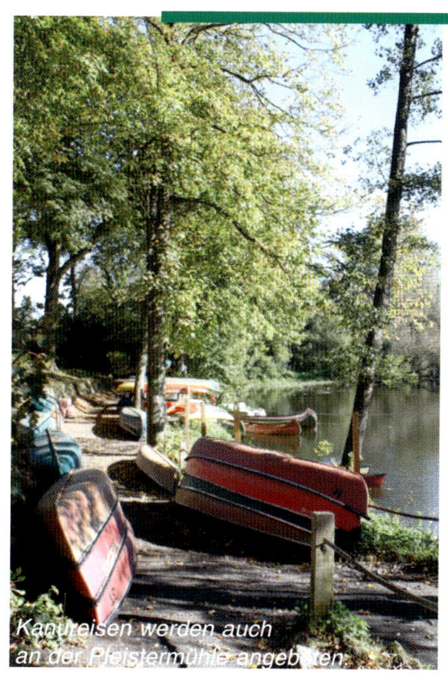
Kanureisen werden auch an der Pleistermühle angeboten.

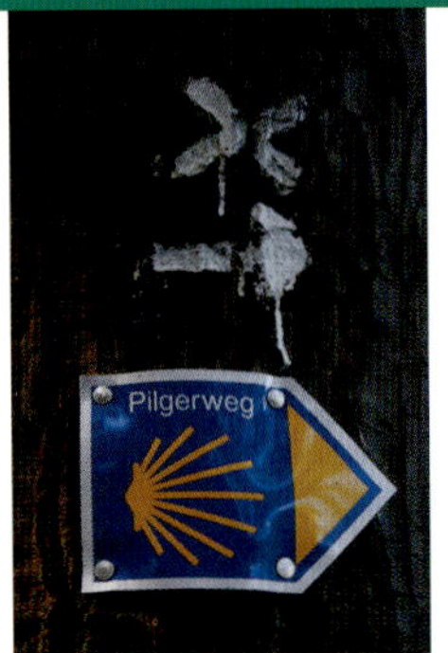

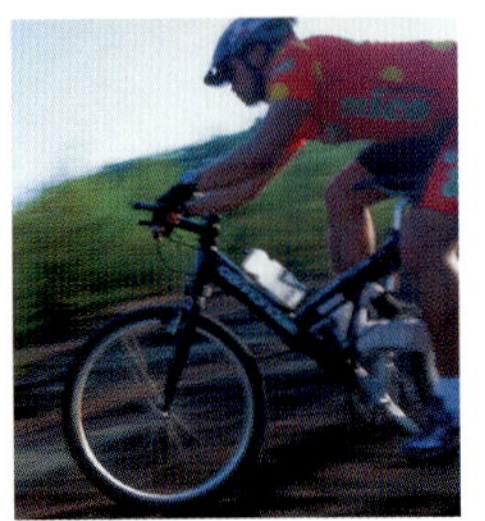

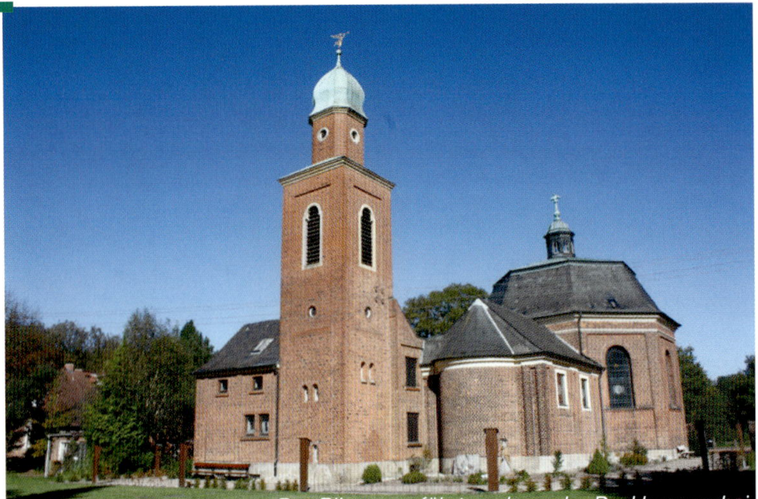

Der Pilgerweg führt auch an der Dyckburg vorbei.

biegen rechts ein in Richtung Tierheim zu den Kanalschleusen. Ein mächtiges Bauwerk, das sehenswert ist. Zugleich gibt es eine Schaustelle direkt am Kanal, die vom 1. April bis 31. Oktober bis auf montags am Nachmittag geöffnet ist.

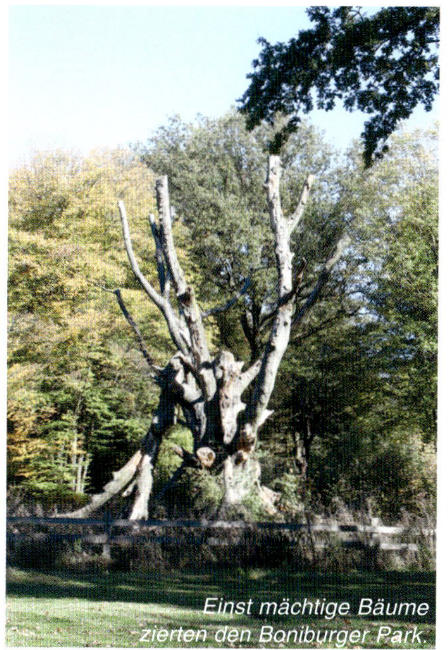

Einst mächtige Bäume zierten den Boniburger Park.

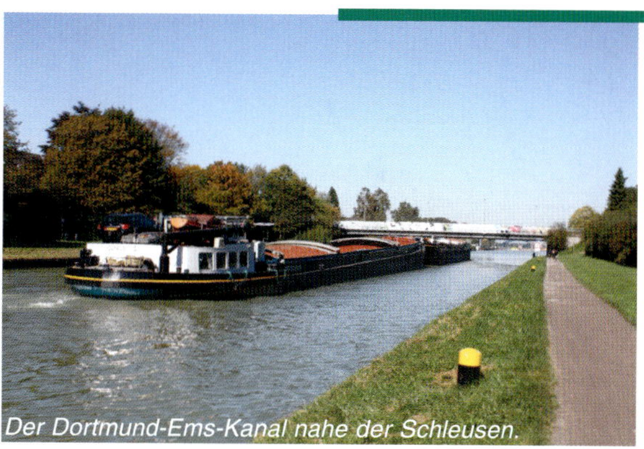

Der Dortmund-Ems-Kanal nahe der Schleusen.

Nach den Schleusen kommen wir auf den Schiffahrter Damm und biegen rechts rein in die Dieckstraße, die uns entlang der Bahn auf den Niedersachsenring führt. Ein kurzes Stück nach links, um dann rechts in die Piusallee einzubiegen. Ihre Verlängerung ist die Friedrichstraße. Bald sind wir wieder am Hauptbahnhof.

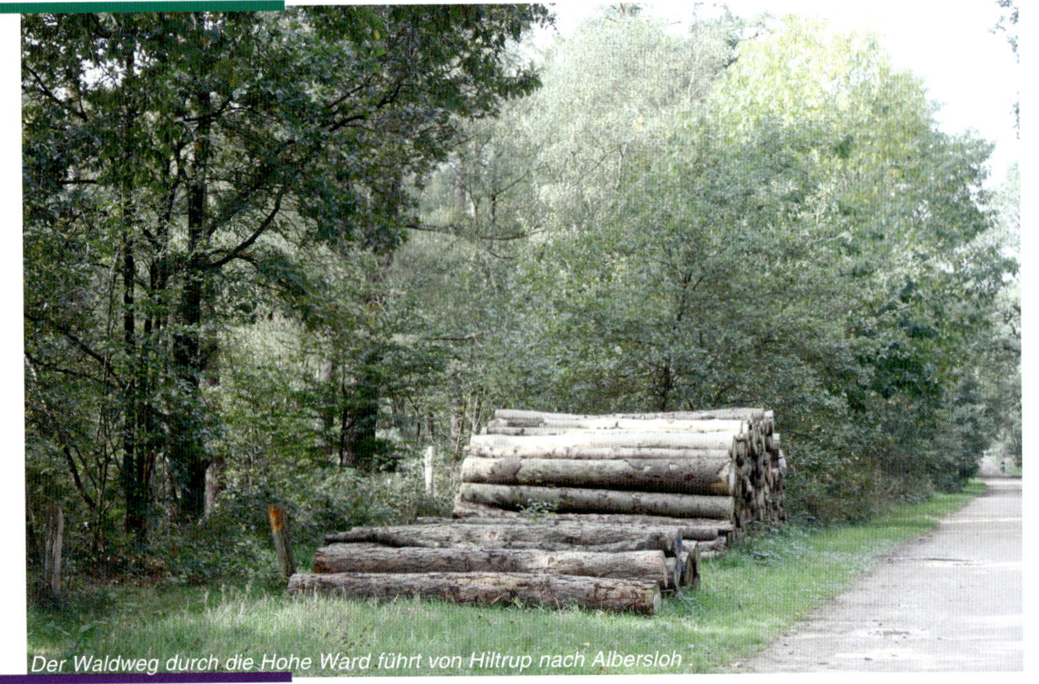

Der Waldweg durch die Hohe Ward führt von Hiltrup nach Albersloh .

Von Mühlen und Schleusen

Vom Bahnhof machen wir uns auf zum Hafen entlang der Schillerstraße und überqueren den Kanal. Der Lütkenbecker Weg mit Haus Lütkenbeck zur Linken – s.Seite 55 – führt uns kurz auf den Heumannsweg. Wir biegen nach rechts und hundert Meter weiter nach links. Keine Sorge, der Radweg führt nicht am Albersloher Weg direkt entlang, sondern wird durch eine lange Baumreihe vom Lärm abgeschottet. Automatisch kommen wir zum Pängelanton-Eisenbahnmuseum, das durch die Initiative der gleichnamigen Karnevalsgesellschaft gegründet wurde. Die leuchtende Dampflokomotive steht an der ehemaligen Haltestation des Bahnhofes Gremmendorf, der von der Westfälischen Landeseisenbahn angefahren wurde.

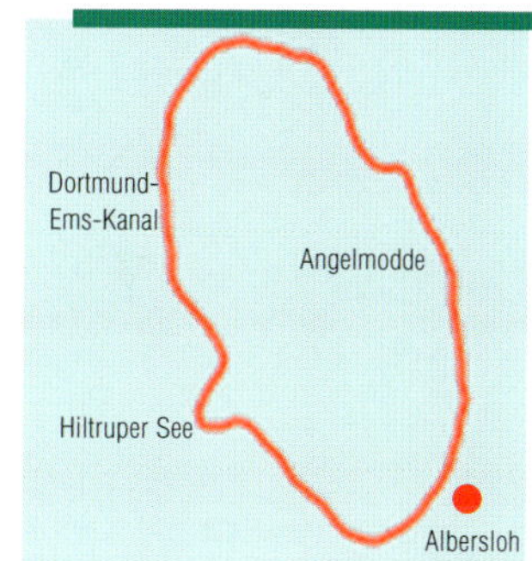

In Angelmodde steht uns das Kunsthaus am Angelmodder Weg abends offen. Weitere Einkehrmöglichkeiten sind tagsüber und abends die Restaurants Strandhof, Sebon und Hoffschulte, die auch mit schönen Außengastronomien für Erholung sorgen.

Es lohnt sich, bis nach Angelmodde-Dorf zu fahren, um die kleine Kirche St. Agatha zu besichtigen, die in der Dorfmitte von schönen, alten Fachwerkhäusern umgeben ist. Das

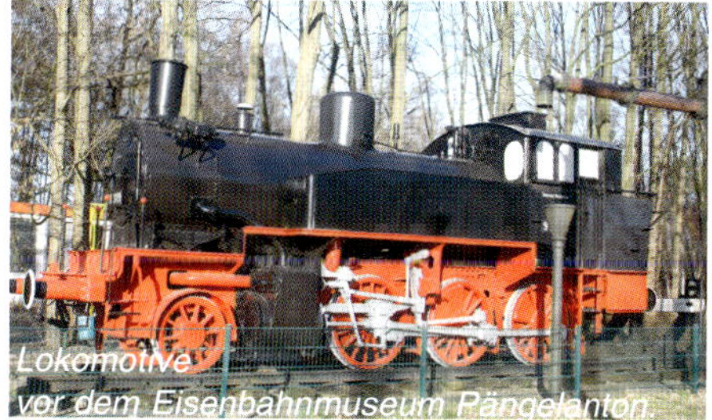
Lokomotive vor dem Eisenbahnmuseum Pängelanton.

www.paengelanton.de

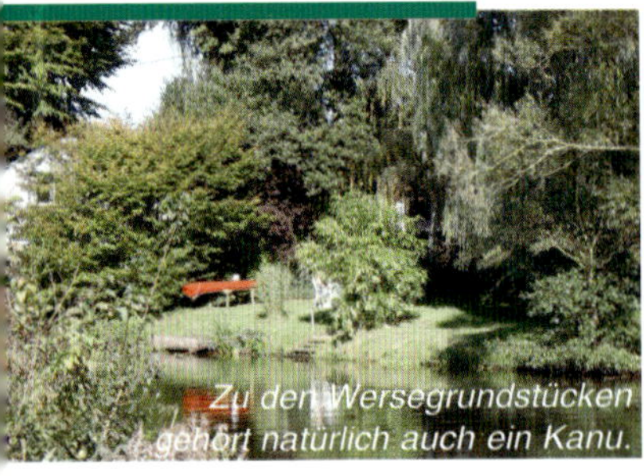
Zu den Wersegrundstücken gehört natürlich auch ein Kanu.

Gemeindehaus und die Bücherei hatten früher als Schule gedient.

Kurz vor der Kirche können wir den Werseradweg nach rechts nehmen. Er ist gut ausgeschildert. Nur Achtung vor der Überquerung der Hiltruper Straße, die die Stadtteile Hiltrup und Wolbeck verbindet. Leicht zu übersehen ist das Schild, das auf die linke Seite der Straße verweist. Nur ein kleines Stück geradeaus überqueren wir die Straße nach rechts. Nun nimmt der Werseradweg eine ruhigere Gangart an. Vorbei an Haus Dahl aus dem Jahre 1713, das privat bewohnt wird.

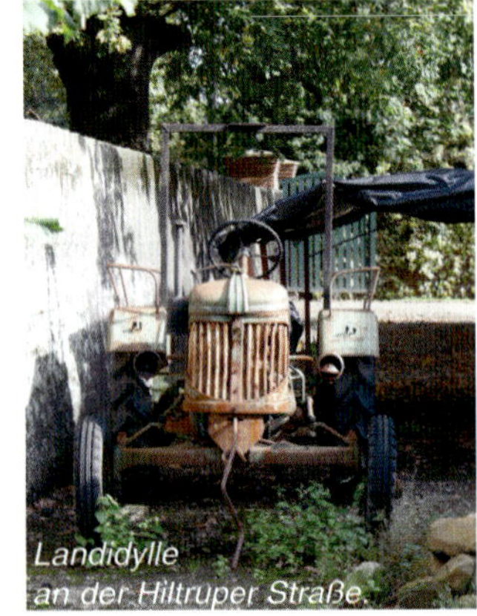
Landidylle an der Hiltruper Straße.

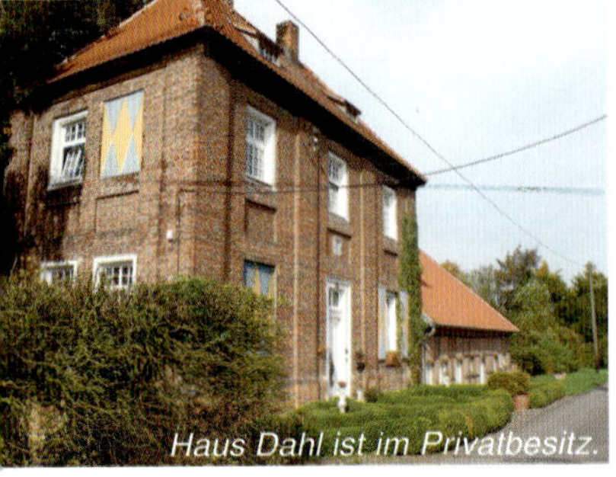
Haus Dahl ist im Privatbesitz.

Im Gegensatz zur nordöstlich der Stadt Münster fließenden Werse zeigt sich der südöstliche Flussabschnitt in einer offenen

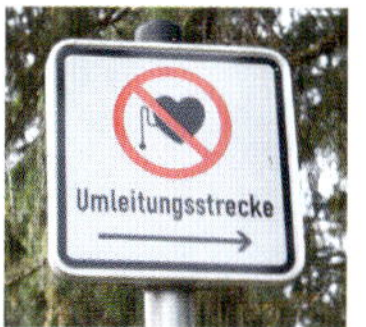

Landschaft. Ein Aussichtsturm lockt zum Anhalten und gibt den Blick frei bis nach Albersloh im Süden.
Eine kleine Militäranlage erstreckt sich für einen Teilabschnitt bis an die Werse. Für Menschen mit Herzschrittmacher ist Vorsicht geboten. Ein entsprechendes Warnschild weist auf die Gefahren hin. Hier empfiehlt es sich, die Straße am Gut Berl zu nehmen, rechts auf den Albersloher Weg zu fahren und dann in einer leichten Rechtskurve links in die Hohe Ward einzubiegen. Auf Gut Berl unterhält der bekannte ehemalige Springreiter Hendrik Snoek einen Ausbildungsstall. Einen kleinen Abstecher ist der Gräftenhof Schulze Dernebockholt wert. Er wird landwirtschaftlich bewirtschaftet. Den Weg wieder zurück hält man sich rechts, um dann zu der Wassergewinnungsanlage geführt zu werden.

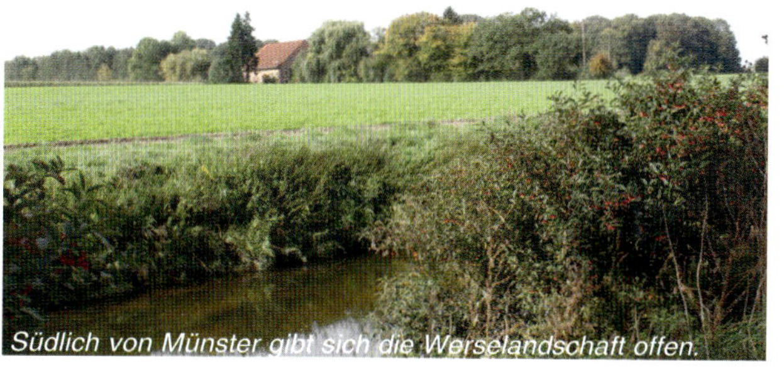
Südlich von Münster gibt sich die Werselandschaft offen.

Für den gesunden Radfahrer bietet sich die Weiterfahrt entlang der Militäranlage bis nach Albersloh an. Das Dorf ist ländlich geprägt, obwohl viele neue Baugebiete hinzu gekommen sind. Der kleine Dorfkern mit der

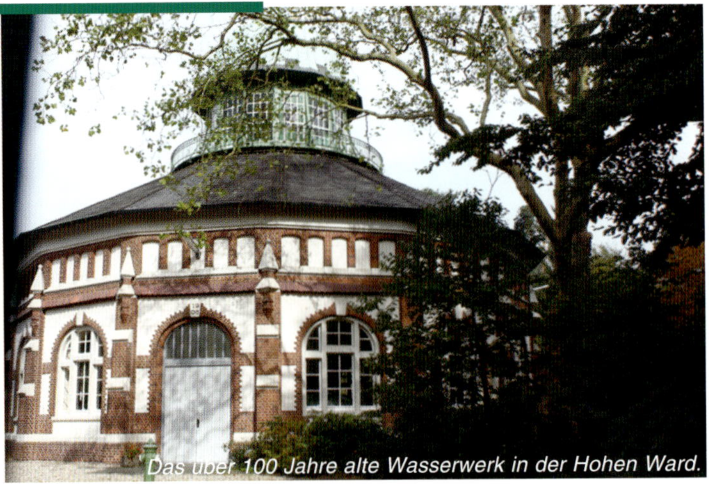

Das über 100 Jahre alte Wasserwerk in der Hohen Ward.

St. Ludgerus-Kirche erinnert an die ehemals kleine Gemeinde.
In der Dorfmitte biegen wir in Richtung Hiltrup – von dem Werseradweg rechts ab – an den Tennisplätzen vorbei, bis wir die Hohe Ward erreichen. Das große Waldgebiet mit seiner Vielfalt bietet Naherholung für Reiter, Wanderer und Radfahrer. Auf

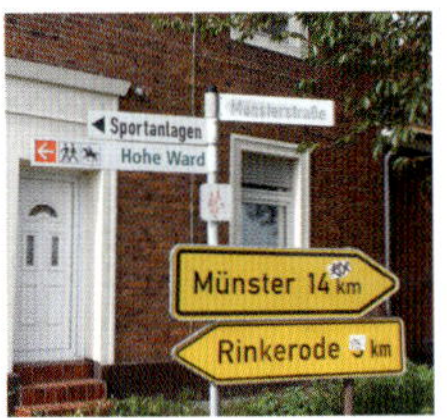

der rechten Hand liegt die Reitanlage des Reitvereins Albersloh. Bald kommen wir zur Wassergewinnungsanlage mit dem Wasserwerk, das 1906 erbaut wurde. Es liegt im Naturschutzgebiet, so dass es mit dem Auto nicht erreichbar werden darf. Rund um das Wasserwerk, den Hiltruper See bis nach Haus Heithorn hat die

Naturschutzstation Münsterland Nabu einen Naturlehrpfad entwickelt und mit 13 Hinweistafeln ausgestattet.

Am Hiltruper Seenufer ist ein einzigartiger Trockenrasen renaturiert worden. Gegenüber, am anderen Ufer des Sees, liegt das Best Western Hotel Krautkrämer, ein Vier-Sterne-Hotel mit Tagungsräumen, Wellnesscenter und Terrasse mit Panoramablick auf den See.

Wir bleiben auf dem sogenannten schwarzen Weg und biegen rechts ab zum westlichen Ufer vorbei an den Tennisplätzen des 1. TC Hiltrup, auf dessen Terrasse es sich bei Kaffee und Kuchen gut pausieren lässt. Der Dortmund-Ems-Kanal hat uns wieder. Ihn befahren wir auf der rechten Seite. In Hiltrup an der Prinzbrücke lockt der Biergarten des "Restaurant zur Prinzenbrücke". Weiter geht es bis zum Hafen, dort über die Brücke die Schillerstraße befahrend, erreichen wir den Bahnhof.

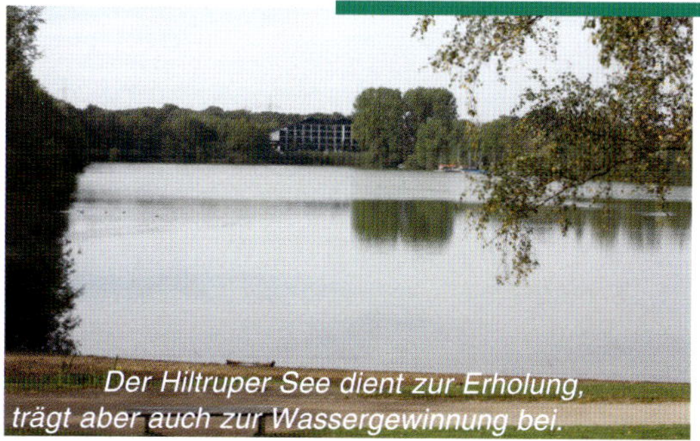

Der Hiltruper See dient zur Erholung, trägt aber auch zur Wassergewinnung bei.

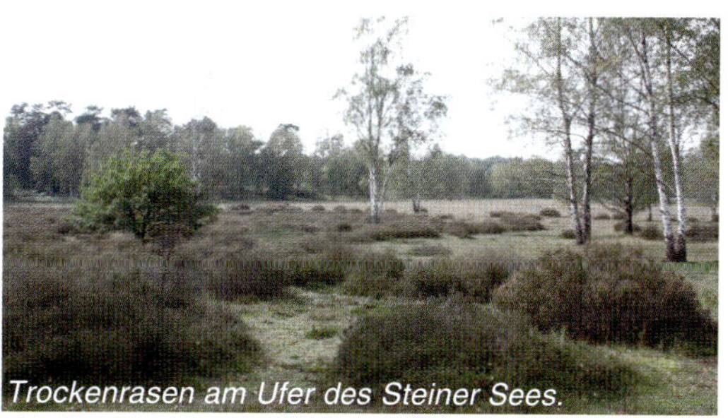

Trockenrasen am Ufer des Steiner Sees.

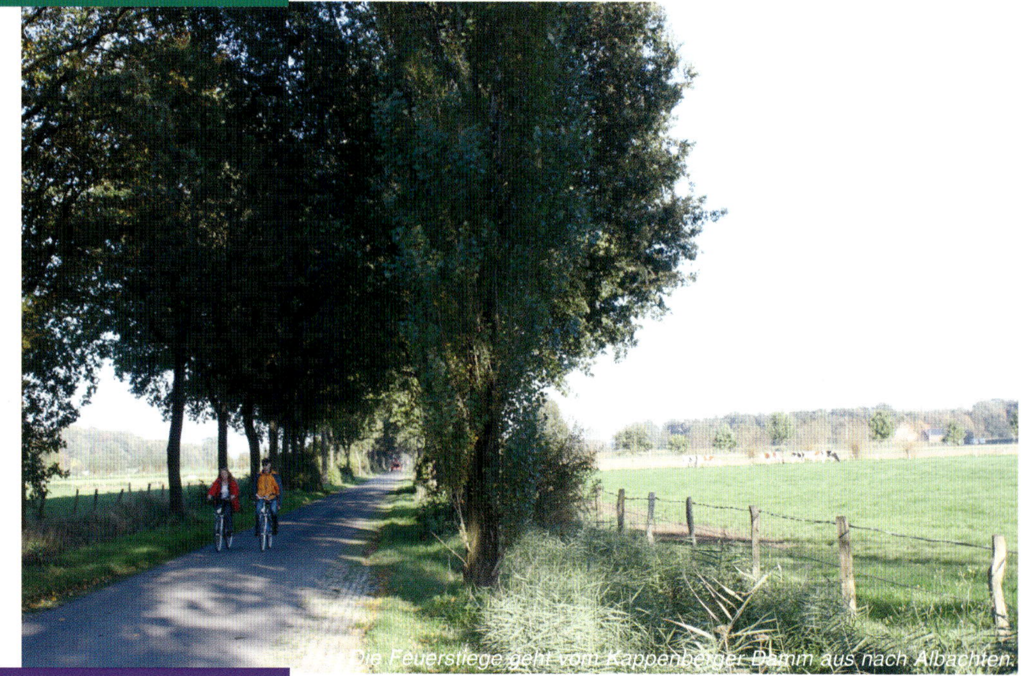

Die Feuerstiege geht vom Kappenberger Damm aus nach Albachten.

Herrenhäuser im Westen

Zum Westen Münsters bieten sich nicht ganz so interessante Möglichkeiten, die Landschaft zu erkunden. Die Autobahn A1 hindert daran, die Radwege vielfältiger und interessanter zu vernetzen. Die Landschaft ist offen und sehr landwirtschaftlich geprägt. Doch gibt es ein paar Kleinode, die zu besichtigen sich lohnen. Es sind die Herrensitze, die von einer Gräfte umgeben und meist in Privatbesitz sind. Daher können sie nur von außen besichtigt werden.

Vom Bahnhof aus ist es am besten, über die Windhorststraße Richtung Promenade zu fahren. Linkerhand abgebogen überqueren wir die Ludgeristraße und erreichen die Ägidiistraße. Den Aasee vor uns, biegen wir nach links und dann rechts in die Bismarckallee ein. Vorbei an der Mensa geht es unter die Torminbrücke zum neueren Teil des Aasees. Dieser wird schmaler und wenn man Glück hat, sind dort einige Amphibien zu sehen oder zu hören.

Wir folgen dem ausgeschilderten Radweg bis nach Mecklenbeck. An der Ecke im Kreuzungsbereich Dingbängerweg lädt das Ausflugslokal Hotel Lohmann ein, eine urige westfälische Kneipe. In Mecklenbeck fahren wir an der Begegnungsstätte Hof Hesselmann vorbei. Die nachfolgenden Anliegerstraßen haben keinen ausgewiesenen Radweg,

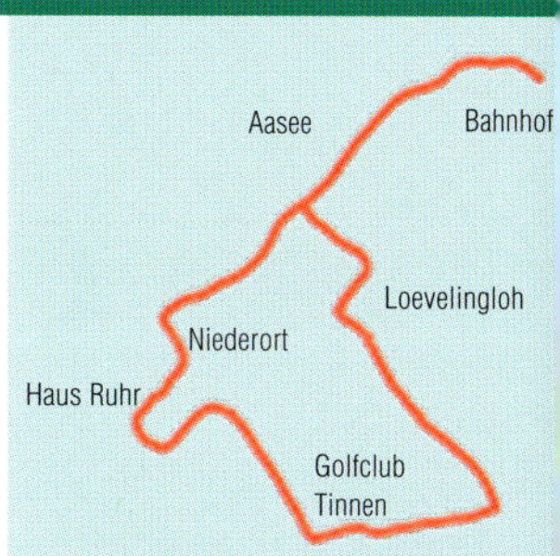

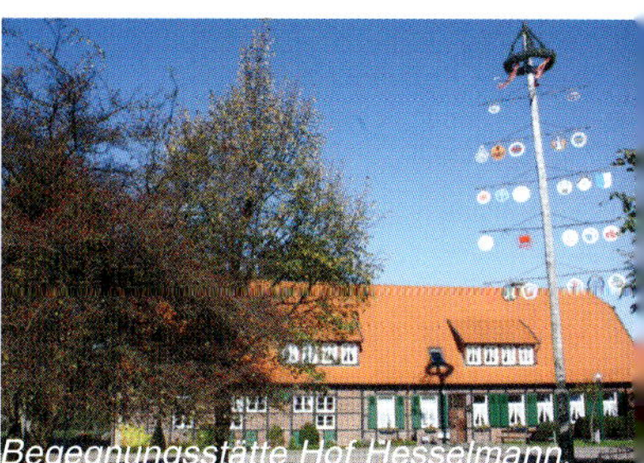
Begegnungsstätte Hof Hesselmann.

www.hof-hesselmann.de

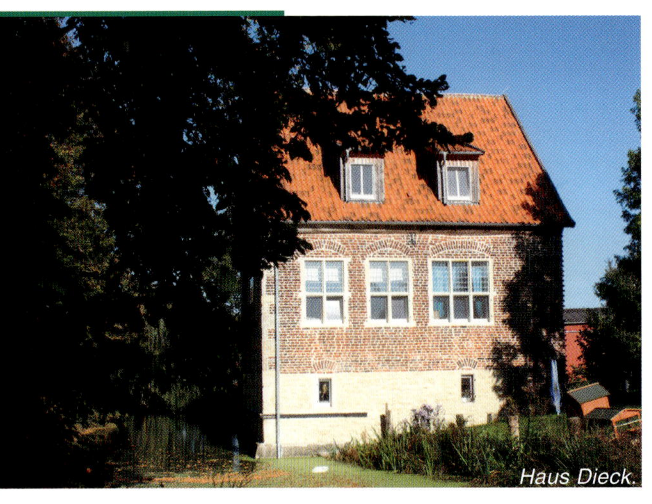
Haus Dieck.

sind aber ruhig. Nach der Unterführung der A1 führt die Sendener Stiege links Richtung Albachten. Ein kurzer Abstecher zu Haus Wiek lohnt sich. Ein ehemals exklusives Herrenhaus, das von landwirtschaftlichen Nutzflächen umgeben wird. Allerdings muss der Weg zurück angetreten werden bis zur Osthoffstraße, die nach Niederort führt. Weite Felder prägen hier das Landschaftsbild. Dem Radweg immer geradeaus folgend erscheint das Hinweisschild "Haus Ruhr", das auf der rechten Hand liegt. Ebenfalls ein Herrenhaus, das privat genutzt wird und nur von außen und auf Anfrage besichtigt werden kann. Er gehört der Familie von und zur Mühlen, die ganz in der Nähe Haus Aldinghoff zu ihrem Landsitz gemacht hat.

Nun empfiehlt es sich, ein kurzes Stück zurückzufahren, damit die Strecke nicht zu lang wird. Entlang des Radweges an der Hauptstraße Richtung Albachten biegen wir rechts in die Viehstraße ein, fahren an einem

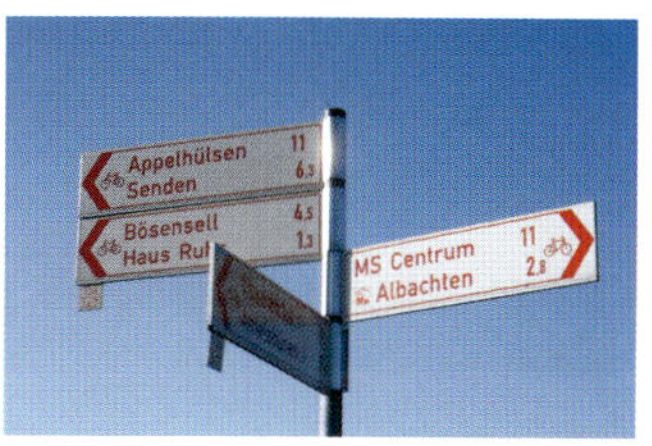

kleinen Modellflugplatz vorbei links in die Feuerstiege. Zur linken Hand liegt der Golfplatz Tinnen. Wieder gilt es, die A1 zu unterqueren, um dann sofort links die Mecklenbecker Straße passierend, wieder links Richtung Mecklenbeck zu fahren. Nun geht es über den Autobahnzubringer, die B 51, um dann rechts entlang der Bahnlinie zu fahren. Hier präsentiert sich die Industriekultur, die sich an der Weseler Straße angesiedelt hat. Links geht es über die Bahnlinie, um wieder nach links ein kurzes Stück Weseler Straße zu fahren. An der Ampel geht es geradeaus in den Dingbänger Weg, um dann wieder zum Ausgangspunkt, zur Mecklenbecker Straße, zu kommen. Es geht rechts entlang des Aasees in die Innenstadt.

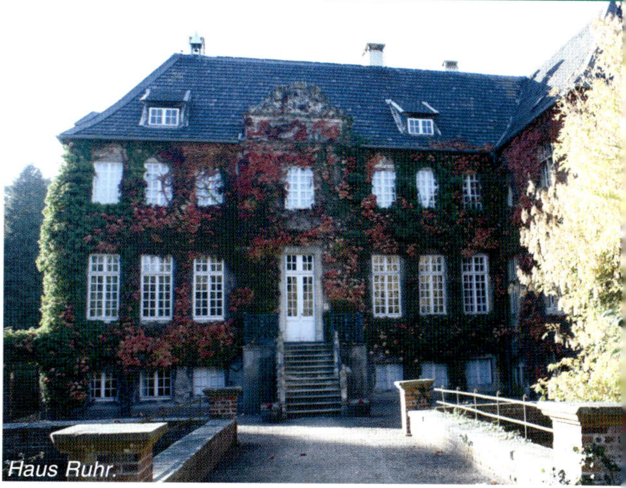

Haus Ruhr.

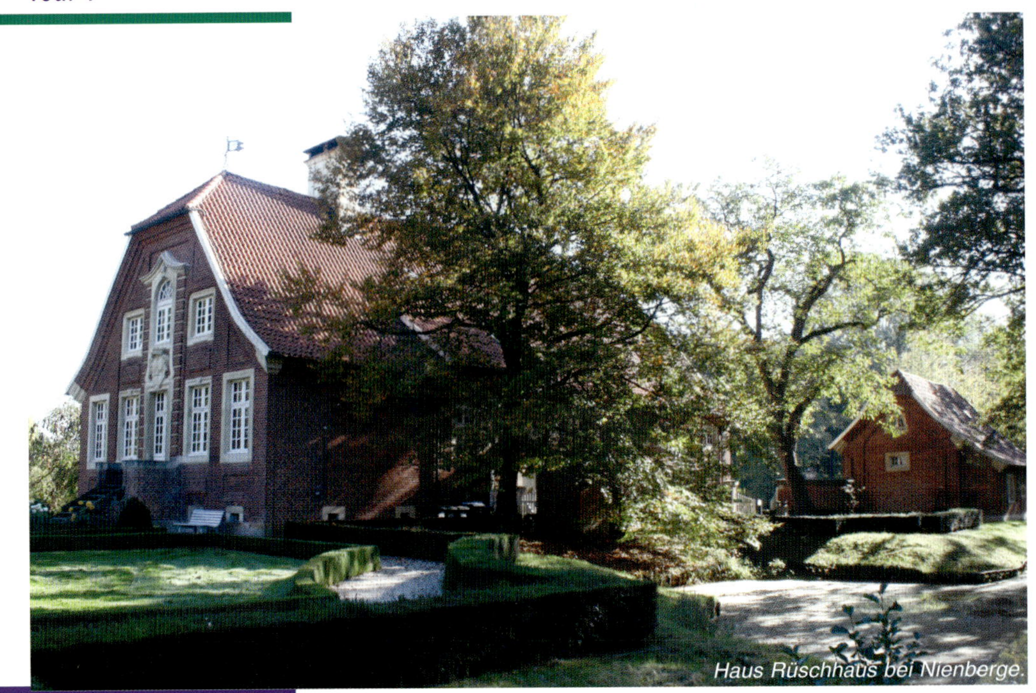
Haus Rüschhaus bei Nienberge.

Auf den Spuren von Annette

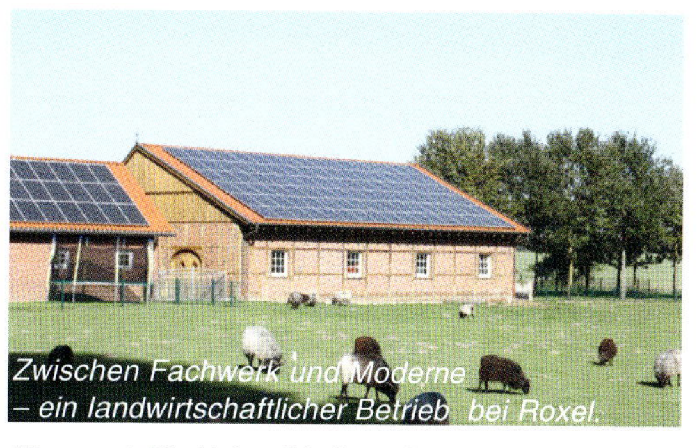
Zwischen Fachwerk und Moderne – ein landwirtschaftlicher Betrieb bei Roxel.

Eine schöne Radtour, die, wie bei der Tour 6 nach Mecklenbeck, beschrieben, entlang des Aasees führt. An der Kreuzung Mecklenbecker Straße biegen wir rechts in den Dingbänger Weg nach Altenroxel. Ein kleine Erhebung lässt es zu, den Blick auf die Sentruper Höhe zu werfen.

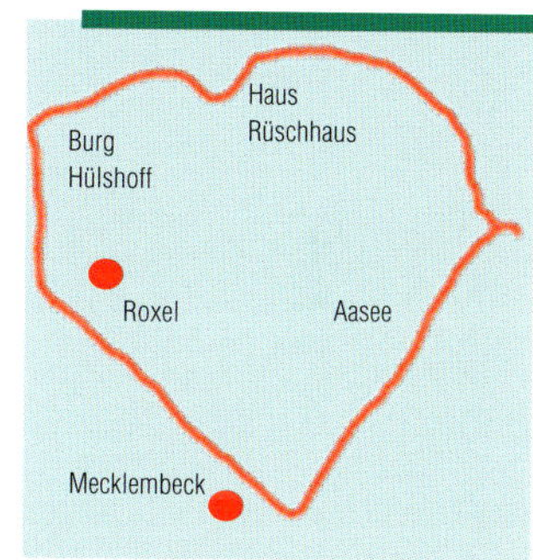

Kurz vor Roxel liegt an der rechten Seite das Parkhotel Schloss Hohenfeld, ein Hotel mit hohem Standard. Neben dem Hotelrestaurant gibt es die Bierstube "Börneken", die schon im 19. Jahrhundert im Seitenflügel des damaligen Schlosses gelegen für das leibliche Wohl gesorgt hat. Nach einer kleinen Pause fahren wir auf die Roxeler Straße und biegen nach dem Autohaus links nach Roxel ein. Roxel hat sich in letzter Zeit stark verändert. Lange Zeit auf den kleinen Ortskern reduziert sind nun zahlreiche Einfamilienhäuser entstanden. Weitere Baugebiete sind ausgewiesen. Ein Stopp empfiehlt sich, denn der Kern rund um die St. Pantaleon-Kirche ist klein, aber idyllisch. Auch hier gibt es gute Restaurants zum Verweilen.

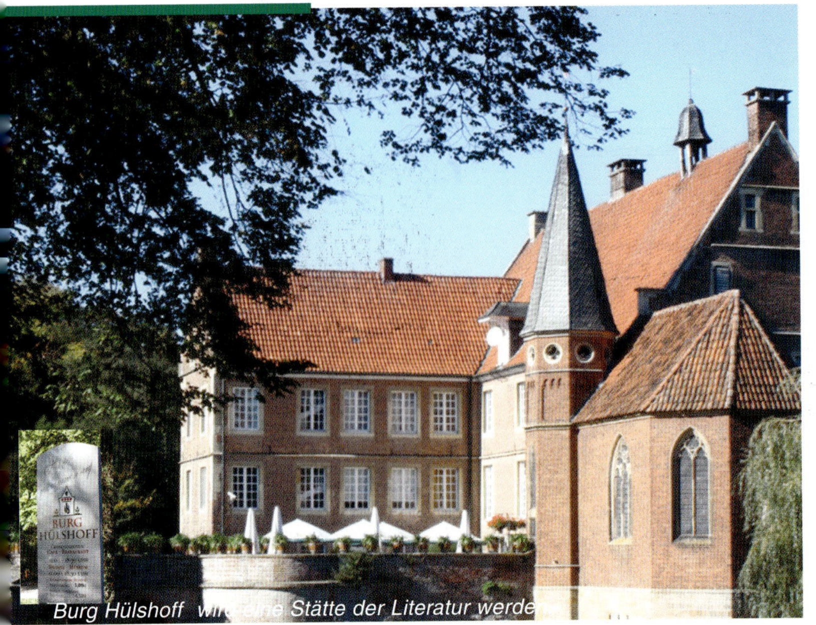

Burg Hülshoff wird eine Stätte der Literatur werden

Roxel hinter sich lassend, geht es auf die Havixbecker Straße Richtung Nordwesten. Die Radstrecke ist von Bäumen umsäumt, so dass man die Landstraße zur Burg Hülshoff kaum wahrnimmt. Für die Wasserburg, auf der die Dichterin Annette von Droste Hülshoff 1797 geboren wurde, sollte man sich etwas Zeit nehmen.
Urkundlich erwähnt wurde sie als Oberhof "Zum Hülshof" im

www.burg-huelshoff.de

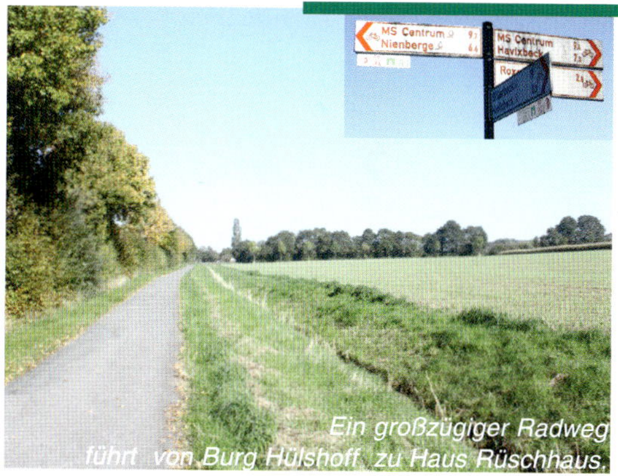

Ein großzügiger Radweg führt von Burg Hülshoff zu Haus Rüschhaus.

11. Jahrhundert, 1417 fiel sie in den Besitz der Herren von Deckenbrock. Später nannten sie sich von Droste. Das Herrenhaus wurde Mitte des 16. Jahrhunderts von
Heinrich I. von Droste Hülshoff errichtet. Angegliedert ist der geschlossenen Renaissance-Anlage eine im neugotischen Stil erbaute Kapelle. Ein Museum vermittelt das Lebensgefühl der Adeligen vergangener Jahrhunderte.

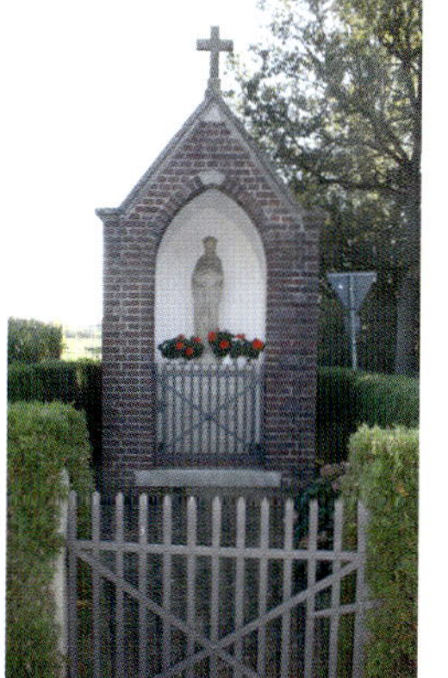

Die Werke der Dichterin Annette von Droste Hülshoff sind größtenteils auf das stille, versunkene Leben im Münsterland zurückzuführen. Am bekanntesten ist die Novelle “Die Judenbuche”. Sie starb 1848 auf Schloss Meersburg am Bodensee. Heute ist die Burg Hülshoff auch bekannt wegen ihrer Ausstellungen, u.a. der “Gartenträume” jeweils zu Pfingsten und “Winterträume” zur Adventszeit, die Landleben und Gärtnern miteinander verbinden.

Nach dem Besuch der Wasserburg geht es zum R1, eine schöne Strecke, die ent-

www.droste-gesellschaft.de

lang der Hülshoffstraße nach Nienberge übergeht. Rechts zeigt ein Abbieger in Richtung Haus Vögeding. Die ehemalige viertürmige Wasserburg wurde erstmals 1353 urkundlich erwähnt. Sie wechselte mehrmals die Besitzerfamilien, so die von Bischoping, von Schenking und von Wrede zu Anneke. 1827 wurde Haus Vögeding an die Familie von Droste Hülshoff verkauft. Annette von Droste Hülshoff machte hier auf ihren Spaziergängen zwischen Burg Hülshoff, die damals ihrem Bruder gehörte, und dem Witwensitz ihrer Mutter, Haus Rüschhaus, gerne Rast. Heute ist die Wasserburg

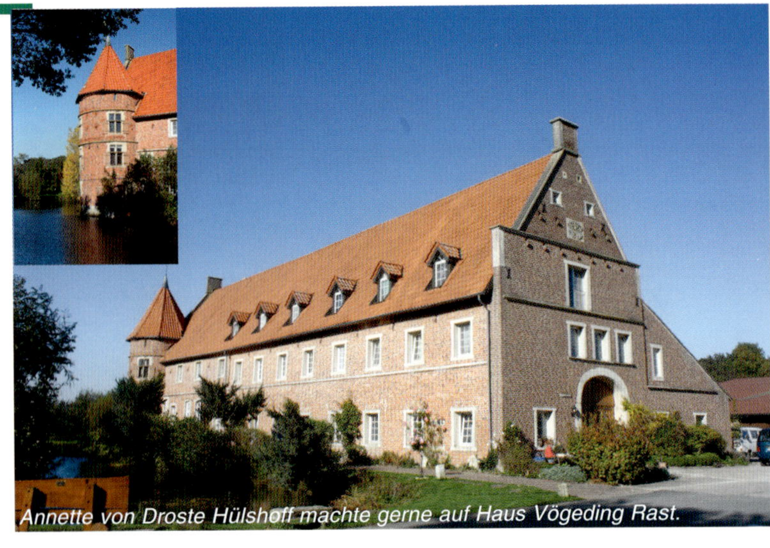
Annette von Droste Hülshoff machte gerne auf Haus Vögeding Rast.

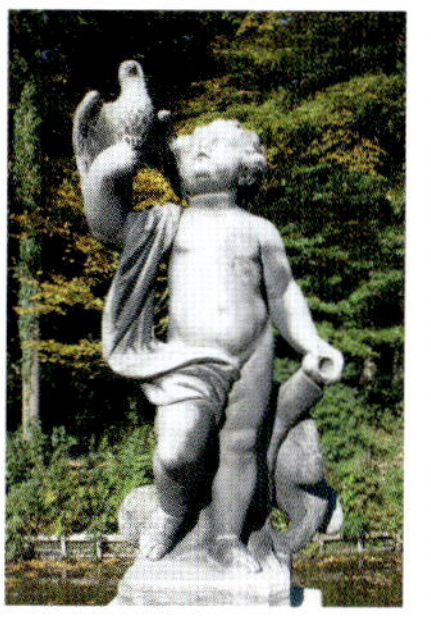

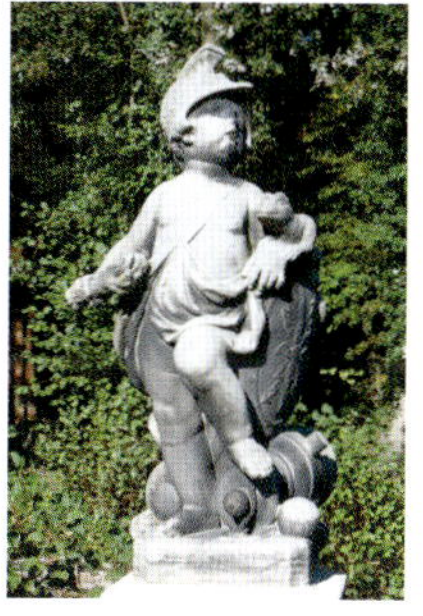

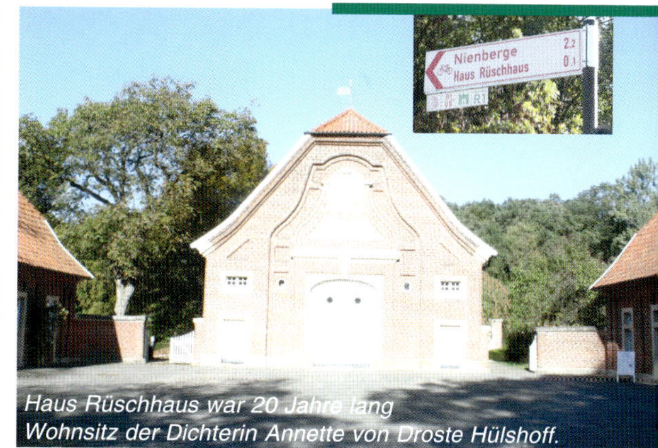

Haus Rüschhaus war 20 Jahre lang Wohnsitz der Dichterin Annette von Droste Hülshoff.

im Besitz von Reinhard Weissen, der dort einen landwirtschaftlichen Betrieb führt. Nach dieser kleinen Pause geht es links in den Twerenfeldweg vorbei am Ponyhof Hüerländer zum Haus Rüschhaus, dem 1748 erbauten Landhaus des Barockbaumeisters Johann Conrad Schlaun und späteren Wohnsitz von Annette von Droste Hülshoff in den Jahren 1826 bis 1846.

Nach Haus Rüschhaus geht es den R1 über die Autobahnbrücke hinweg entlang des Horstmarer Landwegs Richtung Münster-Gievenbeck. Die ersten Universitätsgebäude sind zu sehen. Vorbei an der Gaststätte Niemann geht es Richtung Schloss und Bahnhof.

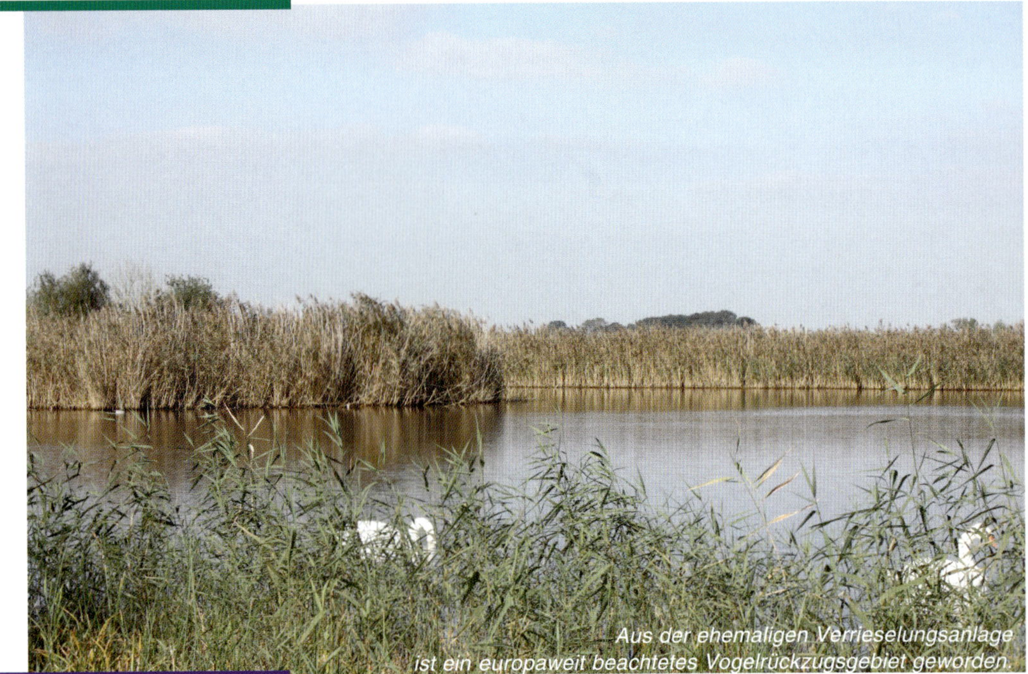

Aus der ehemaligen Verrieselungsanlage ist ein europaweit beachtetes Vogelrückzugsgebiet geworden.

Europas Vogelparadies

Eine schöne und erholsame Route, die etwas mehr als drei Stunden brauchen kann, je nach Einkehrmöglichkeiten. Auf geht es von der Radfahrstation am Bahnhof auf die Warendorfer Straße, dann den Hohenzollernring überquerend in den Prozessionsweg. Es ist der Europaradweg R1, der mit einer

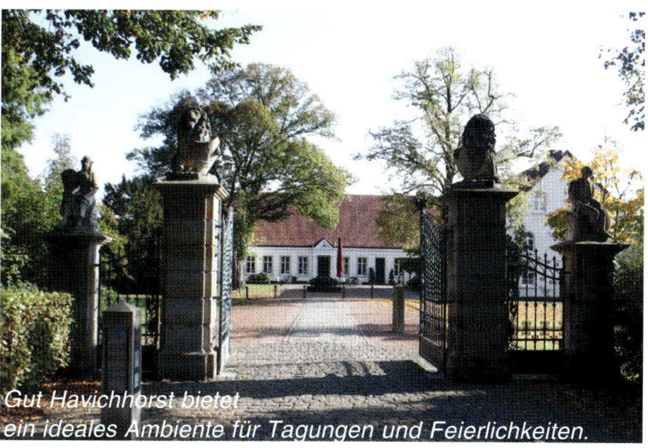

Gut Havichhorst bietet ein ideales Ambiente für Tagungen und Feierlichkeiten.

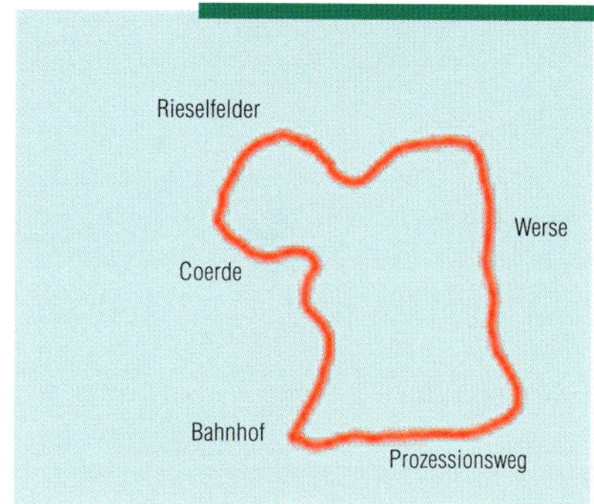

Strecke von 3500 Kilometern von Boulogne-sur-Mer bis St. Petersburg die Menschen und Kulturen verbindet. Wie auf der Tour 4 beschrieben, führt der R1 über dic Wcrsc. Um in Richtung Handorf zu fahren, biegen wir nach links und radeln dann am rechten Werseufer weiter. An der Gaststätte geht es unter die stark befahrene

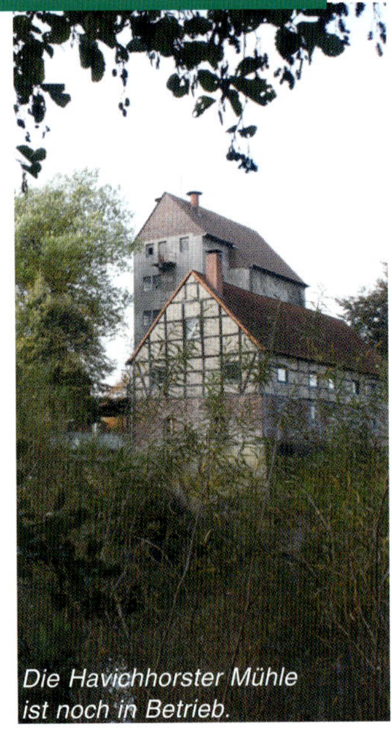
Die Havichhorster Mühle ist noch in Betrieb.

Warendorfer Straße. Ein schöner Radweg, der sich etwas von der Werse entfernt, führt durch die Felder. Eine für Münsteraner Verhältnisse leicht hügelige Landschaft. An Handorf angrenzend, wählen wir die linke Wegstrecke. Nach kaum zwei Kilometern gabelt sich der Weg. Das Friedensreitersymbol führt wieder entlang der Werse. Hier lohnt sich ein Abstecher zur Dyckburg, s. Route 4. Ansonsten fahren wir nach dem Friedensreiter entlang der Werse weiter nordwärts. Vier große Silos stehen in Sudmühle am rechten Wegesrand, aber der Ortsteil hat noch mehr zu bieten. Der Sudmühlenhof lädt zu einer kurzen Rast ein, bevor es zu Gut Havichhorst geht. Die Siedlung in Sudmühle wurde erstmals im 11. Jahrhundert erwähnt. 1831 erwarb die Familie Hovestadt das Gut, das mit den beiden Mühlen noch heute in ihrem Besitz ist und bis in das späte 20. Jahrhundert landwirtschaftlich genutzt wurde. Seit 1987 hat Paul Hovestadt das Gut an die Stiftung Westfälische Landschaft verpachtet. Ein Teil der Gebäude kann für Veranstaltungen gemietet werden. In dem anderen, modernen Teil ist die Westfälische Reit- und Fahrschule untergebracht.

In Richtung Havichhorster Mühle werfen wir einen Blick auf das Vielseitigkeitsgelände, das im Münsterland Vorbildcharakter hat.

Schließlich war der Leiter der Reit-und Fahrschule, Reitmeister Martin Plewa erfolgreicher Vielseitigkeits-Reiter und -Bundestrainer.

Nach der Mühle durchfahren wir das Grundstück des Landhaus Eggert, das eingebettet in sehr schöner Landschaft neben erlesener Gastronomie über erholsame Wellnessarrangements verfügt.

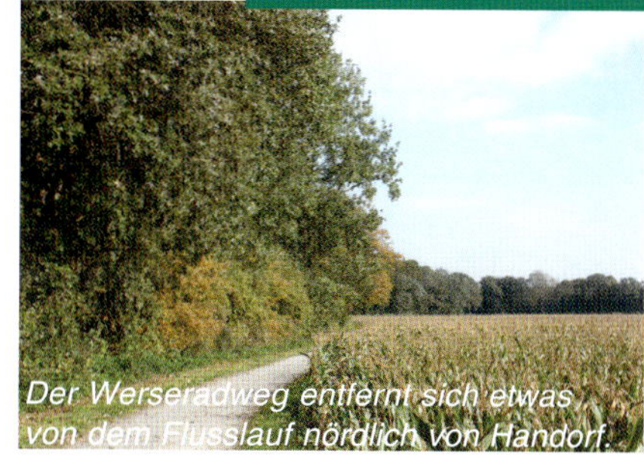
Der Werseradweg entfernt sich etwas von dem Flusslauf nördlich von Handorf.

Dann wird es beschaulicher, bis wir uns Richtung Gelmer fahrend der Haskenau nähern. Eine ehemalige Siedlung, die Wallburg, von der man von einer Anhöhe aus den Feind frühzeitig erspähen konnte. Heute ist die Fernsicht durch den Waldbewuchs nicht mehr gegeben, aber viele Hinweisschilder zeugen von der Vergangenheit. Die bis auf die karolingische Zeit zurückzuführende Wallburg gehört zu den bedeutendsten Bodendenkmälern im Stadtgebiet von Münster und gehört zu den besterhaltenen Burganlagen dieser Art in Westfalen. Die Haskenau dient Münster auch als Trinkwasserreservoir.

Über die hohe hölzerne Wersebrücke fahrend verlassen wir den Werseradweg am Werseesch und begeben uns Richtung Gelmer. Vor dem Ortseingang geht es links an Tennisplätzen und dem neuen Baugebiet Wohnen & Leben mit Pferden vorbei. Links haltend richten wir uns nach dem Schild “MS Centrum“ mit dem Zeichen Historische Route Münsterland. Den Dortmund-Ems-Kanal überquerend, geht es rechts in die Rieselfelder. Die ehemaligen

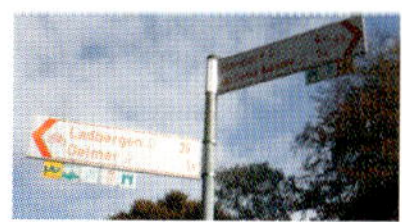

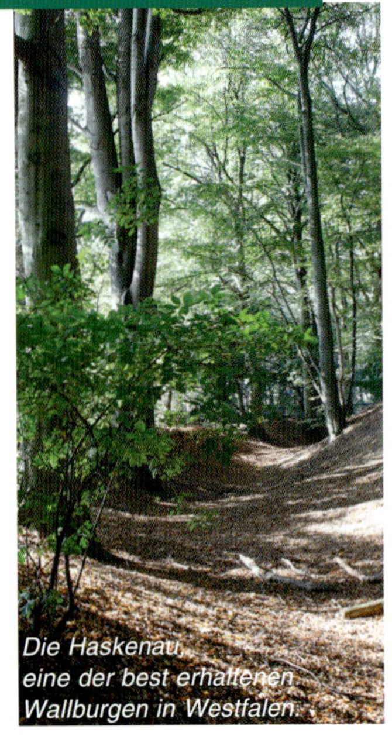
Die Haskenau, eine der best erhaltenen Wallburgen in Westfalen.

Verrieselungsflächen der Stadt Münster entwickelten sich nach deren Einstellung zu einem Europareservat für Wat- und Wasservögel. Von sogenannten Beobachtungskanzeln lässt sich das Gebiet gut überblicken, so dass die Vögel nicht gestört werden. Auf dem Gelände ist eine Biologische Station errichtet worden. Sie dient dazu, den Lebensraum zu erhalten und Wissen zu vermitteln. Ein riesiges Gebiet, das sich gut mit dem Fahrrad durchstreifen lässt.

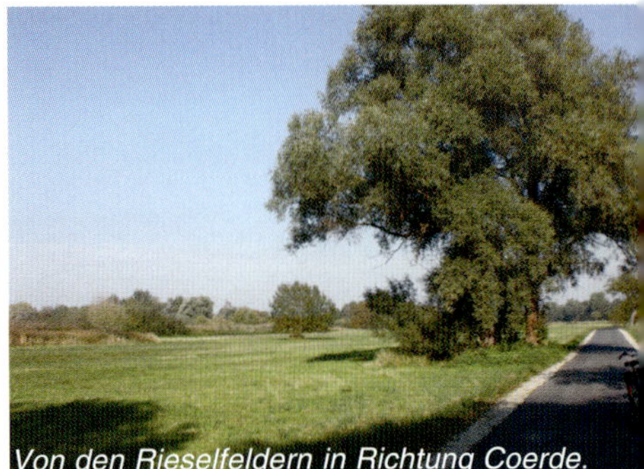
Von den Rieselfeldern in Richtung Coerde.

Zurück geht es am Wöstebach entlang Richtung MS Centrum. Die Gaststätte Heidekrug liegt am Rande der Rieselfelder und besitzt einen großen Biergarten. Dieser Weg ist nicht als Fahrradweg gekennzeichnet. Nach dem Heidekrug biegen wir die zweite Straße links rein zur

Coerheide, die uns auf den DEKR-Radweg führt. Vor dem Dortmund-Ems-Kanal biegen wir nach rechts, um am westlichen Uferrand zu bleiben. Nachdem wir den Kanal verlassen haben, fahren wir zur Diekstraße entlang der Bahnstrecke, bis wir auf den äußeren Ring kommen. Dann biegen wir nach links und sofort rechts auf den Radweg, der uns auf die Promenade führt bis zur Windhorststraße/ Bahnhof.

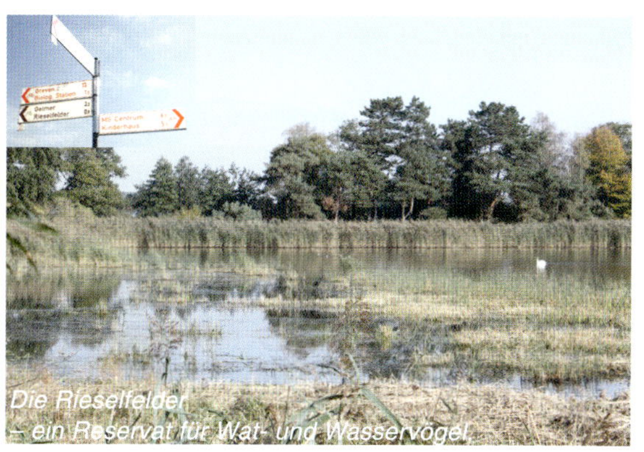

Die Rieselfelder – ein Reservat für Wat- und Wasservögel.

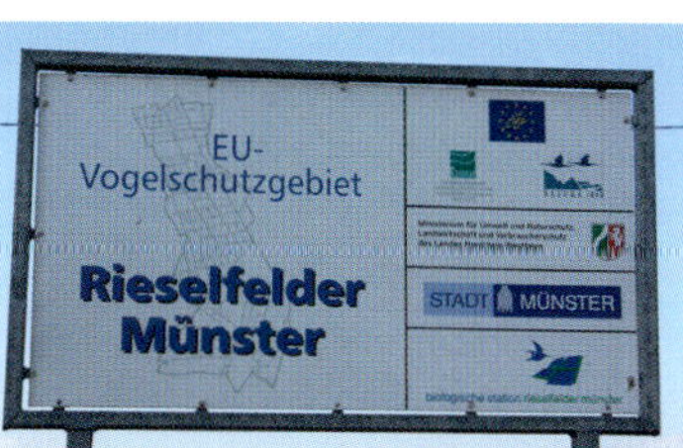

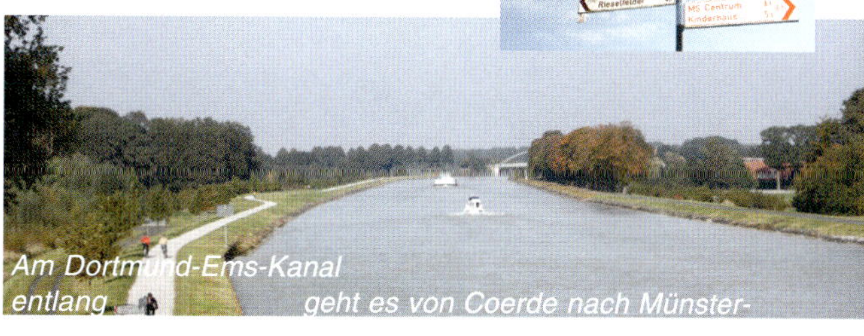

Am Dortmund-Ems-Kanal entlang geht es von Coerde nach Münster-

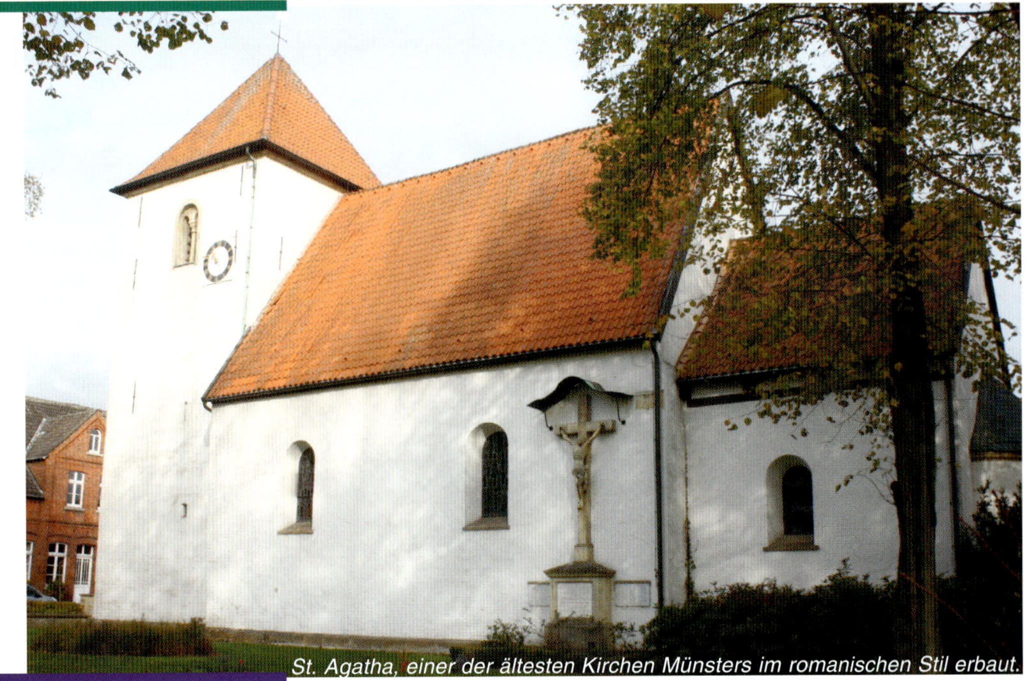

St. Agatha, einer der ältesten Kirchen Münsters im romanischen Stil erbaut.

Familia Sacra und verfallene Burgen

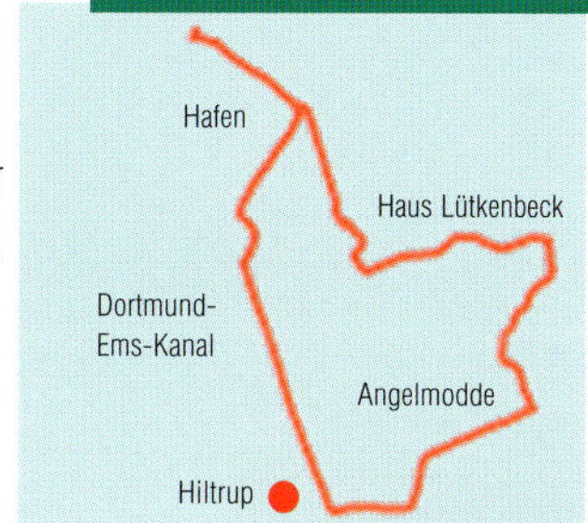

Wir haben eine abwechslungsreiche Rundtour vor uns. Gestartet wird am Bahnhof. Entlang der Schillerstraße fahren wir bis zur Rudolfstraße, in die wir rechts einzubiegen, um den Hafenkai zu besichtigen. Es ist aber auch ratsam, die Besichtigung auf den Abend zu verschieben, denn dann beginnt das Nachtleben in den vielen Kneipen. Später nehmen wir den leichten Anstieg zurück zur Schillerstraße über die Kanalbrücke, um auf die andere Seite des Kanals zu fahren. Ganz gemütlich kommen wir nach Hiltrup, fahren nicht unter die Kanalbrücke, sondern nehmen rechtzeitig die kleine aufsteigende Straße, um eine kleine Rast an der Prinzbrücke zu machen. Das "Restaurant Zur Prinzenbrücke" hat einen schönen Biergarten, von den man aus einen Panoramablick auf den Kanal hat.

Von dort geht es weiter nach Angelmodde. Entlang des Osttores, der Straße, die nach Wolbeck führt, geht es nur ein kurzes Stück. Wir übcrqucrcn dic Ampcl, dic dirckt auf dic Gaststättc "Zur Dicken Eiche" führt, fahren über den Parkplatz vor der Glasurit-Arena des Hiltruper Sportvereins TuS, um dann am Ende des Wäldchens – etwa 300 Meter – links abzubiegen. Umgeben von Feldern und

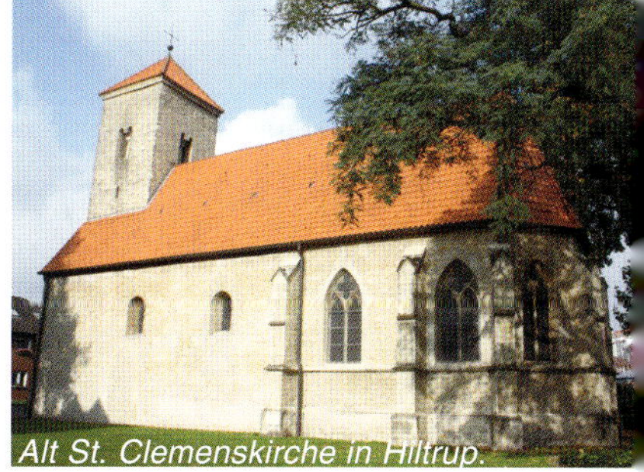
Alt St. Clemenskirche in Hiltrup.

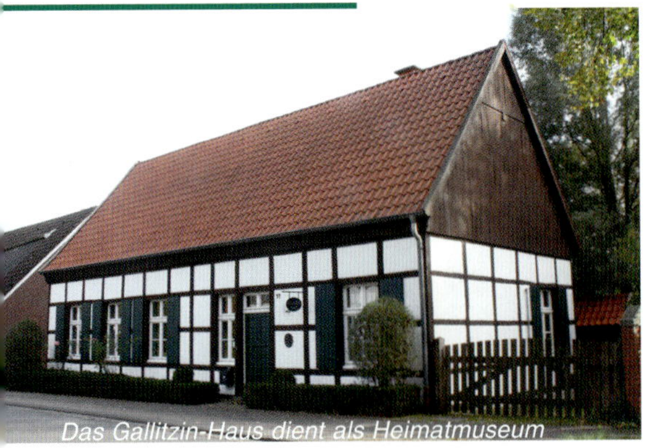
Das Gallitzin-Haus dient als Heimatmuseum

Äckern liegt das Haus Maser vor uns. Eine kleine landwirtschaftliche Idylle. Das Pättchen führt über den Albersloher Weg entlang der Angel bis nach Angelmodde. Wir überqueren die Werse, kommen durch die Siedlung Haus Angelmodde und machen eine kurze Rast auf dem Platz mit den zwölf Steelen, die bedeutenden Persönlichkeiten gewidmet sind.

Im Ortszentrum Angelmodde ist die Gaststätte "Hoffschulte" ausgeschildert. Sie ist auch über eine schmale Holzbrücke zu erreichen, die über die Angel führt. Der Hof Hoffschulte zu Angelmodde wird im Jahre 1050 zum ersten Mal erwähnt, der dem Domkapitular gehörte. 1554 fiel der Hof an Freiherr Kerkering to Borg, bis die Familie Hoffschulte 1836 den Hof kaufte.

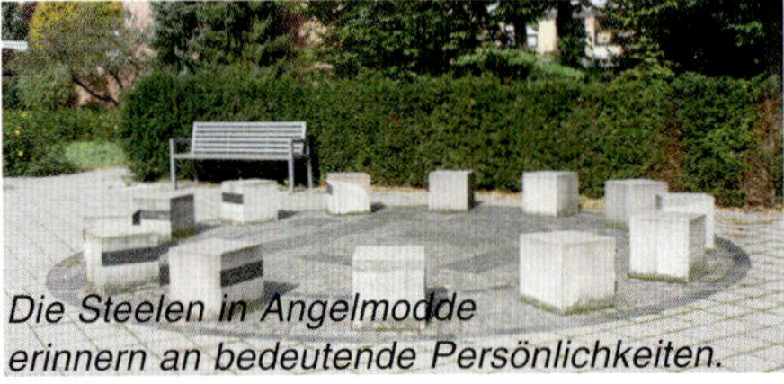
Die Steelen in Angelmodde erinnern an bedeutende Persönlichkeiten.

Ein Besuch im Angelmodder Heimatmuseum im Ortskern lohnt sich. Das Gallitzin-Haus, benannt nach der Fürstin Gallitzin, die hier die Sommerfrische genoss, beherbergt

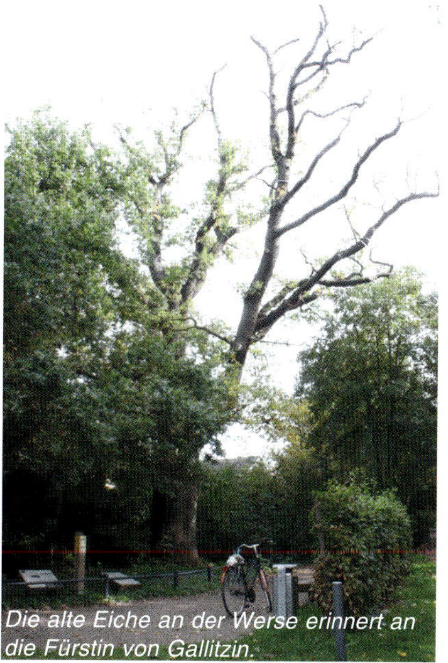

Die alte Eiche an der Werse erinnert an die Fürstin von Gallitzin.

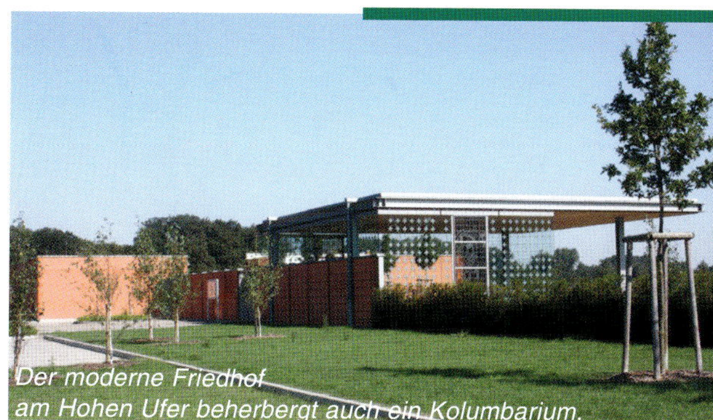

Der moderne Friedhof am Hohen Ufer beherbergt auch ein Kolumbarium.

neben einer Dauerausstellung zur Heimatgeschichte auch Wechselausstellungen beheimateter Künstler. Dem Heimatmuseum gegenüber liegt die Kirche St. Agatha, einer der ältesten Kirchen des Münsterlandes.

Überquert man die Angel, liegt auf der linken Hand der Strandhof. Von dort aus bietet das Canu Camp einmalige Kanutouren auf der Werse an. Der Strandhof bietet Ruhe und Muße in seinem Biergarten. Das Restaurant besitzt sogar einen

eigenen Beach. Der Ornament-Stein gibt ein Rätsel auf. Er trägt eine Inschrift "Arnold Aschenbroich, König 1973". Ein Scherz?
Die Pferde, die am Angelmodder Weg grasen, gehören zu dem Zucht- und Ausbildungsstall Vornholt, der einen guten Ruf weit über die Grenzen des Münsterlandes genießt. Rechts in die Straße Am Hohen Ufer einbiegend führt der Werseradweg in Richtung Münster. Ein kurzer Abstecher links zum neuen Friedhof ist sehr zu empfehlen, denn die in ein Kolumbarium eingebauten Urnen sind in Münster einmalig. Sind wir dort angekommen, können wir auch den Weg geradeaus am Bewinkel wählen. Von dort aus führt rechter Hand am Hof Brockhausen vorbei der Weg zur Werse. Wir halten uns links, die Wersebrücke über uns lassend. Nicht weit, am Loddenbach, weist linkerhand das Schild "Sebon" auf die älteste Kaffeewirtschaft Münsters hin. Das Alter des ehemaligen Kottens "Thürs im Busch" ist seit 1761 dokumentiert. Die Gastronomie am Erbdrostenweg bietet westfälische Kost. Im Sommer ist der Biergarten unter alten Kastanienbäumen immer gut besucht.
Von Sebon führt ein kleiner Radweg durch den

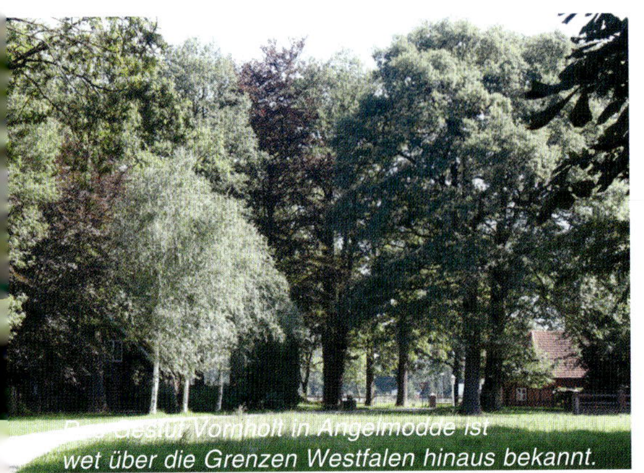

Das Gestüt Vornholt in Angelmodde ist wet über die Grenzen Westfalen hinaus bekannt.

neuen Stadtteil Gremmendorf bis zum Kreisel rechts ab durch ein neues Einfamilienhausgebiet. Ein Wäldchen führt an einem kleinen See vorbei bis zum Albersloher Weg. Ein kleines Stück an der Bahn entlang geht es rechts in den Heumannsweg, in der nachfolgenden Linkskurve zum Lütkenbecker Weg. Auf der rechten Seite zeigt sich ganz versteckt die ehemalige Wasserburg Haus Lütkenbeck. Die barocke Anlage wurde in den Jahren 1695 bis 1720 errichtet, die damals der Droste zu Vischering gehörte. Im Jahre der Vollendung des Baues brannte das Schloss nieder und wurde seitdem nicht wieder vollständig aufgebaut. Heute wird die Kapelle für Gottesdienste und Konzerte genutzt.

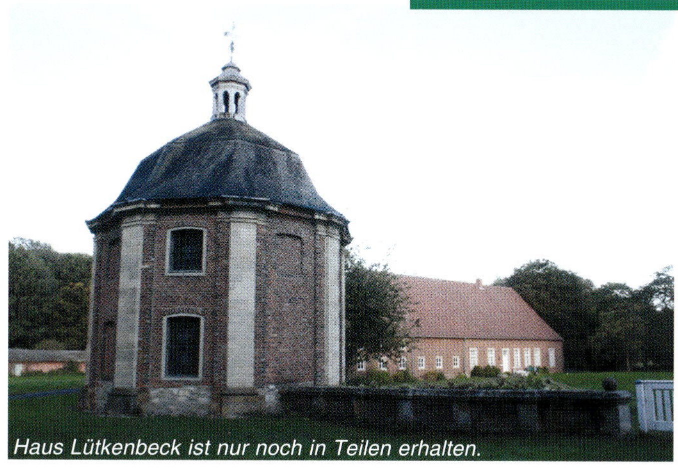
Haus Lütkenbeck ist nur noch in Teilen erhalten.

Der Lütkenbecker Weg führt über die Kanalbrücke und mündet vorbei am Hafen wieder in die Schillerstraße in Richtung Bahnhof.

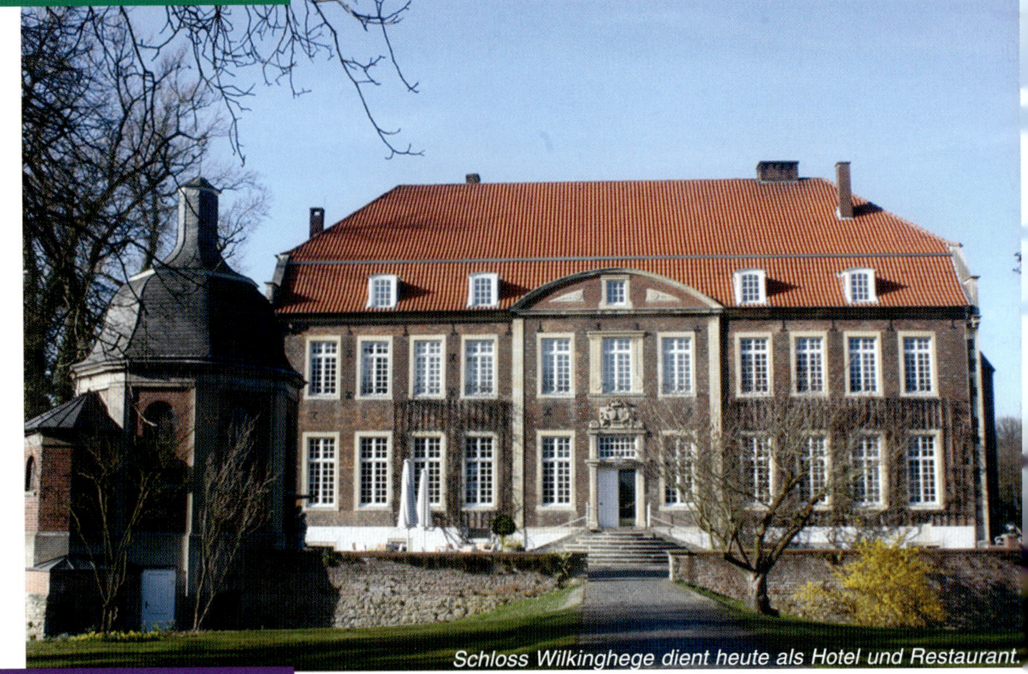

Schloss Wilkinghege dient heute als Hotel und Restaurant.

Schloss meets Golf

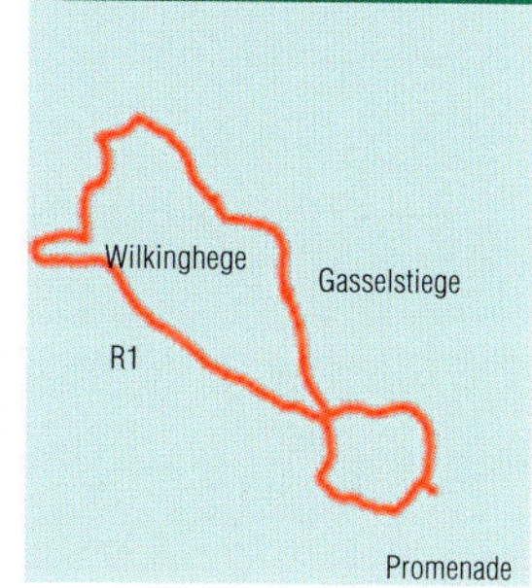

Über die östliche Promenade erreichen wir gut die Gasselstiege. Zwar geht es ein kurzes Stück entlang der stark befahrenen Steinfurter Straße, jedoch wird es nach dem ABC-Schützenhof rechts rein auf die Gasselstiege stoßend ruhiger. Wir fahren links Richtung Kinderhaus vorbei an dem neuen Lincoln-Viertel, einer ehemaligen Kasernenanlage der Engländer, die nun zu hochwertigen Wohn- und Geschäftshäusern umgebaut wurde. Den Biohof Lütke Jüdefeld links liegen lassend macht die Gasselstiege eine starke Linkskurve. Überhaupt ist die lange Gasselstiege sehr kurvig, so dass Aufmerksamkeit gefragt ist. An der Kreuzung Wilkinghege biegen wir links ab zum Schloss Wilkinghege mit dem gleichnamigen Golfclub.

Die alte Wasserburg wurde das erste Mal urkundlich 1311 als Lehnsgut der Familie Rhemen zu Barensfeld erwähnt, die nach einigen Besitzerwechseln und Umbauten seit 1779 wieder Eigentümer ist. Durch den Spätrainessance-Stil verbreitet die Burg ein gewisses Flair und bezieht die Parkanlagen mit ein. Zeuge dieses Stils ist das von zwei Löwen gehaltene Doppelwappen über dem Eingang.

Nach dem kleinen Abstecher fahren wir ein kurzes Stück zurück zur Gasselstiege und fahren links. Es lohnt sich, die Gasselstiege geradeaus bis zum Ende entlang der Golfanlage links liegend lassend zu fahren, denn dort präsentiert sich 150 Meter vor der Sackgasse auf der rechten Seite das Torhaus, eine typisch westfälische Hofanlage, Hof Theo Renvert. Das Ensemble mit der Hausnummer 630 liegt in einer gepflegten Anlage aus

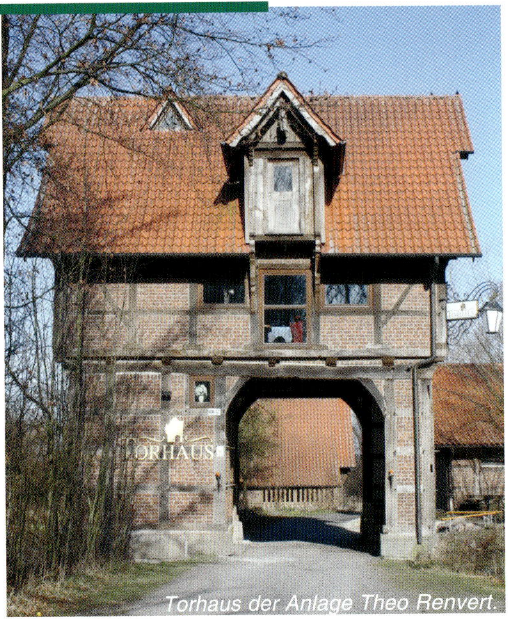

Torhaus der Anlage Theo Renvert.

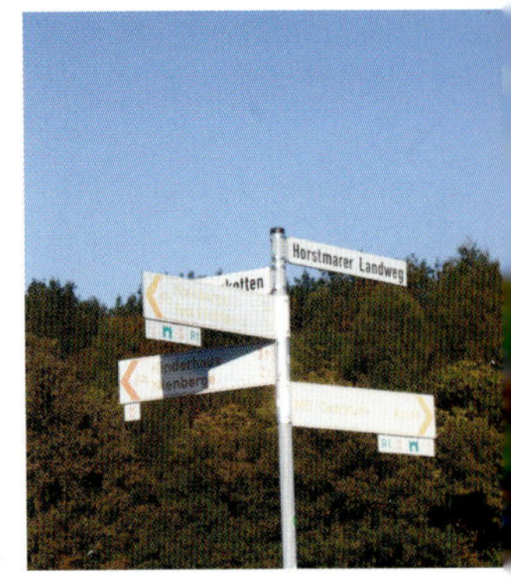

kleinen Gebäuden, Wiesen und Teichen. Das Torhaus am Eingang dient der Gastronomie. Wir müssen ein kleines Stück zurückfahren bis zum Hof Wilhelmer, biegen dann rechts in den Vorbergweg ein, die Steinfurter Straße überquerend bis zum Kreisel Nienberge-Münster. Die Straße Haus Uhlenkotten führt uns über die B54 auf den Horstmarer Landweg und gleichzeitig auf den R1. Auf der rechten Seite liegt Haus Spital, später blicken wir auf die ersten Universitätsgebäude.